Karriere ohne Studium

Lizenz zum Wissen.

Sichern Sie sich umfassendes Wirtschaftswissen mit Sofortzugriff auf tausende Fachbücher und Fachzeitschriften aus den Bereichen: Management, Finance & Controlling, Business IT, Marketing, Public Relations, Vertrieb und Banking.

Exklusiv für Leser von Springer-Fachbüchern: Testen Sie Springer für Professionals 30 Tage unverbindlich. Nutzen Sie dazu im Bestellverlauf Ihren persönlichen Aktionscode C0005407 auf www.springerprofessional.de/buchkunden/

Jetzt 30 Tage testen!

Springer für Professionals.
Digitale Fachbibliothek. Themen-Scout. Knowledge-Manager.

- Zugriff auf tausende von Fachbüchern und Fachzeitschriften
- Selektion, Komprimierung und Verknüpfung relevanter Themen durch Fachredaktionen
- Tools zur persönlichen Wissensorganisation und Vernetzung

www.entschieden-intelligenter.de

Springer für Professionals

Mario Müller-Dofel

Karriere ohne Studium

Zum Umdenken und Mut machen:
Zehn Interviews mit erfolgreichen
Nichtakademikern und renommierten
Personalexperten

Mario Müller-Dofel
Frankfurt am Main, Deutschland

ISBN 978-3-658-04779-5   ISBN 978-3-658-04780-1 (eBook)
DOI 10.1007/978-3-658-04780-1

Die Deutsche Nationalbibliothek verzeichnet diese Publikation in der Deutschen Nationalbibliografie; detaillierte bibliografische Daten sind im Internet über http://dnb.d-nb.de abrufbar.

Springer Gabler
© Springer Fachmedien Wiesbaden 2015
Das Werk einschließlich aller seiner Teile ist urheberrechtlich geschützt. Jede Verwertung, die nicht ausdrücklich vom Urheberrechtsgesetz zugelassen ist, bedarf der vorherigen Zustimmung des Verlags. Das gilt insbesondere für Vervielfältigungen, Bearbeitungen, Übersetzungen, Mikroverfilmungen und die Einspeicherung und Verarbeitung in elektronischen Systemen.
Die Wiedergabe von Gebrauchsnamen, Handelsnamen, Warenbezeichnungen usw. in diesem Werk berechtigt auch ohne besondere Kennzeichnung nicht zu der Annahme, dass solche Namen im Sinne der Warenzeichen- und Markenschutz-Gesetzgebung als frei zu betrachten wären und daher von jedermann benutzt werden dürften. Der Verlag, die Autoren und die Herausgeber gehen davon aus, dass die Angaben und Informationen in diesem Werk zum Zeitpunkt der Veröffentlichung vollständig und korrekt sind. Weder der Verlag noch die Autoren oder die Herausgeber übernehmen, ausdrücklich oder implizit, Gewähr für den Inhalt des Werkes, etwaige Fehler oder Äußerungen.

Alle Fotos: © Axel Griesch, München
Lektorat: Irene Buttkus
Layout: Peter Mühlfriedel

Gedruckt auf säurefreiem und chlorfrei gebleichtem Papier

Springer Fachmedien Wiesbaden ist Teil der Fachverlagsgruppe Springer Science+Business Media
(www.springer.com)

Und es geht doch!

Vorwort: Was dieses Buch will

Karriere ohne Studium? Nicht jammern. Machen! Dieses Buch erklärt, spornt an und macht Mut. Es ist zu schaffen! Das Buch hinterfragt komplexe Zusammenhänge hinter dem Akademisierungstrend in Deutschland, weil dieser inzwischen auch negative Wirkungen entfaltet. Es macht deutlich, dass nicht die chancenreichen Bildungsstrukturen in Deutschland die soziale Durchlässigkeit behindern (die viel zu frühe Selektion nach der Grundschule ausgenommen), sondern Menschen mit Vorurteilen, Ängsten, Dünkel, Unwissen und anderen Defiziten dafür verantwortlich sind.

Worum es genau geht und wie Nichtakademiker beruflich zufrieden werden und sogar aufsteigen können, werden Ihnen, liebe Leserinnen und Leser, die zehn Interviews dieses Buches verraten. Doch lassen Sie sich zunächst auf das Vorwort ein – auf ein Plädoyer gegen den Zeitgeist und für mehr Mut.

VORWORT

Deutschland bietet alle(n) Chancen

Die Idee zu diesem Buch ist aus Verärgerung entstanden. Gerade hatte ich wieder eine TV-Diskussion mit hochdekorierten Akademikern darüber verfolgt, warum das deutsche Bildungssystem ungerecht sei, Nichtakademiker wenig Chancen auf eine finanziell und geistig befriedigende Berufslaufbahn hätten und deshalb immer mehr junge Menschen studieren müssten. Dies ist seit mehr als 15 Jahren herrschende Meinung in Politik und Öffentlichkeit. Folglich ist die Studienanfängerquote in Deutschland seit dem Jahr 2000 von 33 Prozent auf über 57 Prozent gestiegen. Viele Politiker wollen noch mehr. Doch das ist gefährlich.

Mir und Millionen anderen Menschen hierzulande haben das deutsche Ausbildungs- und Fördersystem, mutige Chancengeber und ein hohes Maß an Selbstmotivation tolle Berufswege ohne Studium ermöglicht. Deshalb frage ich mich: Warum hören wir in der Debatte um soziale Mobilität kaum Nichtakademiker, die als hervorragend aus- und fortgebildete Facharbeiter, Fachangestellte, Meister, Techniker, Fachwirte oder Selbstständige ein zufriedenes Berufsleben führen und vielleicht sogar Unternehmen leiten? „High Potentials" ohne Studium gibt es doch wahrlich genug. Um es ganz deutlich zu sagen: Man muss in Deutschland nicht den Kopf in den Sand stecken, nur weil man nicht studiert hat. Millionen Menschen zeigen, dass es sich auch ohne Studium gut leben lässt. Und für den Erfolg und ein gutes Leben anstrengen, liebe Leserinnen und Leser, müssen sich die meisten Akademiker auch. Künftig aufgrund ihrer steigenden Zahl sogar noch mehr als bisher.

Dennoch: Die Wertschätzung für unsere fleißigen und klugen Nichtakademiker scheint in der öffentlichen Diskussion ähnlich rasant gesunken zu sein wie die Studienanfängerquote gestiegen ist. Es ist höchste Zeit, ambitionierten Nichtakademikern sowie Kritikern ihrer impliziten Entwertung ein breiteres Forum zu geben. Dieses Buch trägt dazu bei.

Angepackt und aufgestiegen

Fünf erfolgreiche Nichtakademiker erzählen in biografischen Interviews, was sie geprägt, wer sie blockiert und wer sie gefördert hat. Sie verraten, wie sie ihre Zukunft angepackt haben, statt sie wegen des fehlenden Studiums perspektivlos zu denken. Wir dürfen diese Menschen dank ihrer Interviews kennenlernen. Wir können uns ein Beispiel an ihnen nehmen. Und wir – Nichtakademiker und Akademiker gleichermaßen – können von ihnen lernen, was Menschen neben fundiertem Fachwissen brauchen, um ihre beruflichen Vorstellungen umzusetzen.

Einer von ihnen ist Bundesaußenminister geworden, obwohl sein einziges Ausbildungszertifikat ein Taxischein ist. Ein anderer startete als Verkäufer auf der Hamburger Reeperbahn und wurde bald Starkoch. Die Nächste ging als Reiseleiterin an den Ballermann und lenkt heute ein Kreuzfahrtunternehmen. Der Vierte saniert als Kleinunternehmer am Bau große Häuser. Der Fünfte arbeitete als Postbeamter, ehe er von den Medien zum „Rechtschreibpapst" getauft wurde. „Und es geht doch!", möchte man rufen. Karriere ohne Studium – Deutschland ist der Ort dafür!

Statt die Nichtakademiker und unser weltweit bewundertes Berufsausbildungssystem abzuwerten, sollten wir über menschliche Defizite reflektieren, für mehr Eigenverantwortlichkeit streiten und Mut für die berufliche Ausbildung machen. Ich bin überzeugt: Wer gesund ist und das Klischee „Einmal unten, immer unten" bestätigt, scheitert vor allem an kurzsichtigen Eltern, falsch motiviertem Lehrpersonal, unpassenden Lernmethoden, risikoscheuen Personalverantwortlichen, mangelnder Selbstmotivation und an einem Zeitgeist, der häufig Akademikerdünkel befeuert.

Klartext zum Akademisierungstrend

Über solche und andere negative Begleiterscheinungen des Akademisierungstrends habe ich auch mit fünf renommierten Personalexperten gesprochen. Die Vorsitzende der Deutschen Gesellschaft für Karriereberatung (DGfK), Jutta Boenig, sagt: *„Heute wird vielen Kindern und Jugendlichen die Chance zur kreativen Selbstorientierung und inneren Ausgeglichenheit genommen, weil sie gesellschaftlichen und elterlichen Ansprüchen entsprechen müssen. Und ich bezweifle, dass jeder junge Akademiker von heute wirklich ein Akademiker ist."* Laut Esther Hartwich, Ausbildungsbeauftragte des Deutschen Industrie- und Handelskammertages (DIHK), liegt die durchschnittliche Studienabbrecherquote in den Bachelorstudiengängen bei 28 Prozent. Thomas Sattelberger, Ex-Personalvorstand der Deutschen Telekom, sieht die hohen Abbrecherquoten als Beleg dafür, wie *„manche Universitäten gnadenlos Bildungsverlierer produzieren."* Wobei dies seiner Beobachtung nach auch an zu früher Selektion an den Hochschulen liege, die vor allem zulasten junger Leute aus Arbeiter- und Migrantenfamilien gehe. Sattelberger geht außerdem mit seinem eigenen Berufsstand, den Personalprofis, hart ins Gericht.

Vielleicht wäre mancher Studienabbrecher an einer Berufsschule zum Gewinner geworden oder kann es dort noch werden. Mittlerweile werden motivierte

VORWORT

Berufsschüler von kleinen und mittelgroßen Betrieben, die unter Fachkräfte- und Nachwuchsmangel leiden, mit Kusshand hofiert – und das mehr denn je. Gerade dort haben Praktiker mit Berufsausbildung so gute Chancen wie lange nicht mehr. Trotzdem entscheiden sich viele gegen die Berufsschule – manche sogar deshalb, weil ihr Umfeld auf sie herabschauen würde. Ein junger Mann erzählte mir kürzlich: *„Wenn ich heute in einer Disco einem Mädel erzähle, ich mache eine Berufsausbildung, dann muss ich damit rechnen, dass sie die Nase rümpft, sich umdreht und geht."* Bei Studenten sei das anders. So weit ist es gekommen.

Das Image von beruflich Qualifizierten leidet, aber auch das Ausbildungsniveau diverser Studiengänge. Denn nach politischem Willen sollen selbst jene Studierende ihre Prüfungen bestehen, deren Leistungsniveau signalisiert, dass sie den falschen Ausbildungsweg gehen. *„Das ist eine gefährliche Entwicklung für alle, auch für Nichtakademiker"*, sagt der Psychologieprofessor und Berufseignungsdiagnostiker Heinz Schuler im Interview. Warum? *„Weil Nichtakademiker sich zunehmend abgehängt fühlen, wenn die akademische Ausbildung als das einzig Wahre gilt. Und zwar abgehängt von Leuten, die nicht unbedingt gescheiter sind als sie, aber trotzdem mit einem akademischen Abschluss herumlaufen."* Bundesarbeitsagentur-Chef Frank-Jürgen Weise wünscht sich, dass Personalverantwortliche *„formale Ausbildungsabschlüsse weniger hoch gewichten als bislang üblich in Deutschland und sich stattdessen mehr mit den Talenten und Kompetenzen befassen."*

Aufrütteln und Mut machen

In den zehn Interviews dieses Buches stehen weder Ausbildungszertifikate noch Statistiken im Mittelpunkt, sondern Menschen: Schulabgänger, Nichtakademiker, Akademiker, Eltern, Lehrer, Unternehmensentscheider und Politiker. Die Interviewten teilen ihre verschiedenen Blickwinkel auf Karrieren ohne Studium und den Akademisierungstrend. Sie rütteln auf, indem sie die menschlichen Seiten sozialer Undurchlässigkeit erläutern. Sie regen an, einseitige Positionen und unfaire Vorurteile zu hinterfragen. Sie machen Mut, talentierten Menschen berufliche Entwicklungschancen zu geben, denen die eine oder andere formale Voraussetzung fehlen. Und sie inspirieren, motivierten Nichtakademikern und der beruflichen Ausbildung wieder die Wertschätzung zukommen zu lassen, die sie verdienen.

Lassen Sie sich auf dieses Buch ein, wenn Sie möchten, dass Deutschland bleibt, was es ist: ein Land der Chancen.

VORWORT

Danke

Der Ursprung dieses Buches war ein spontaner Impuls von mir, bei dem meine Ehefrau Katja die Hände über dem Kopf zusammenschlug. Nicht schon wieder ein Buch!, dachte sie, denn so ein Projekt kostet Zeit, die ich nicht hatte. Also musste die Familie oft auf mich verzichten, mich nach manch schlafloser Nacht auch ertragen. Ich danke meiner Frau und unseren Kindern Benjamin und Nina sehr dafür, dass sie dennoch Verständnis für dieses Projekt hatten. Es war eine Herzensangelegenheit für mich.

Ebenso danke ich den zehn Interviewten für ihr Vertrauen, ihre Geduld und die Erkenntnisse, die mir unsere Gespräche brachten. Ich freue mich ebenfalls sehr darüber, dass der Fotograf Axel Griesch, mit dem ich seit 2005 zusammenarbeite, die Gesprächspartner ins Bild gesetzt hat. Ihm ging es wie mir einzig um die wichtige Botschaft des Buches.

Besonderer Dank gebührt außerdem meinen beruflichen Chancengebern und Förderern. Stellvertretend möchte ich Björn Godenrath, Peter Herkenhoff, Christian Maertin und Roland Tichy nennen, die mir im Jahr 2000 einen Vertrauensvorschuss gaben und damit entgegen der üblichen Regeln agierten. Das war, was ich brauchte, um mein Leben zu ändern. Genauso wichtig für meine Karriere ohne Studium waren Dr. Frank-B. Werner, Dr. Gabriele Hooffacker, Beate Füth, Uwe Lill und Dr. Torsten Tragl.

Menschen wie diese kennenzulernen, wünsche ich allen Nichtakademikern. Denn meine Förderer haben sich getraut, wofür dieses Buch wirbt: mehr auf Talente, Kompetenzen und Motivationen zu setzen, statt nur auf formale Ausbildungszertifikate.

Danke! Es hat sich gelohnt.

Mario Müller-Dofel
Frankfurt am Main, im Juli 2015

Wenn im Buch vor allem die männliche Sprachform verwendet wird, dann allein zur sprachlichen Vereinfachung. Selbstverständlich sind auch immer die weiblichen Pendants gemeint.

Inhaltsverzeichnis

	Vorwort	5
	Der Interviewer und Autor	12
	Der Fotograf	13
1.	**Karrieren ohne Studium**	**15**
1.1	Joschka Fischer	16
1.2	Tim Mälzer	32
1.3	Wybcke Meier	54
1.4	Guido Schmidt	72
1.5	Christian Stang	92
2.	**Trendkritik von Topexperten**	**107**
2.1	Jutta Boenig	108
2.2	Esther Hartwich	124
2.3	Thomas Sattelberger	140
2.4	Heinz Schuler	156
2.5	Frank-Jürgen Weise	174
3.	**Wie Karrieren erfolgreich werden**	**189**
	Mutmacher und Denkanstöße für Schulabgänger, Nichtakademiker und Akademiker	190
	Reflexionen für Eltern	193
	Provokantes für Lehrer	195
	Appelle an Personaler und Vorgesetzte	197
	Forderungen an Politiker	199

Der Interviewer und Autor

Mario Müller-Dofel ist Medien-, Präsentations- und Gesprächsstrategie-Trainer für Unternehmen und journalistische Bildungseinrichtungen. Zudem führt und veröffentlicht er journalistische Interviews.

Aufgewachsen in einem Plattenbau in der DDR-Arbeiterwohnstadt Hoyerswerda, lernte er von 1988 bis 1990 im Gaskombinat Schwarze Pumpe einen Metallberuf, absolvierte später im westdeutschen Gummersbach eine Lehrausbildung zum Industriekaufmann, jobbte als Höhlenführer und Fitnesstrainer und arbeitete danach vor allem in Berlin im Immobilien- und Finanzierungsvertrieb.

Im Jahr 2000 bekam er die Chance, als Quereinsteiger Redakteur beim Börsenmagazin Telebörse (Verlagsgruppe Handelsblatt) zu werden, wechselte 2002 zu boerse.ard.de (Hessischer Rundfunk) und drückte als mittlerweile gestandener Redakteur wieder die Schulbank, als er 2003/2004 die Georg-von-Holtzbrinck-Schule für Wirtschaftsjournalisten der Verlagsgruppe Handelsblatt absolvierte.

Danach schrieb Müller-Dofel für das Kapitalmarktmagazin €uro (Finanzen Verlag, München), das zu den auflagenstärksten Wirtschaftstiteln Deutschlands gehört. Alleine für €uro interviewte er über 100 Konzernvorstände, Topökonomen und Spitzenpolitiker in längeren Gesprächen. 2009 wurde er Leiter des Unternehmensressorts bei €uro – und 2010 Textchef sowie stellvertretender Chefredakteur.

In den Jahren 2011/2012 absolvierte er eine Fortbildung zum Kommunikations- und Verhaltenstrainer am artop-Institut an der Humboldt-Universität zu Berlin. Mitte 2012 gab Mario Müller-Dofel seine Positionen bei €uro zugunsten seiner Familie in Frankfurt am Main ab und gründete in der Mainmetropole das Trainer- und Autorennetzwerk DIALEKTIK for Business® (www.dialektik-for-business.de). 2013/2014 bildete er sich am Institut Sozialer Arbeit für Praxisforschung und Praxisentwicklung (ISAPP) der Fachhochschule Wiesbaden zum Coach weiter. Seit Februar 2014 ist er auch Projektleiter des Internetportals „Gesprächsführung" der Akademie Berufliche Bildung der deutschen Zeitungsverlage (ABZV). Müller-Dofel präsentiert dieses Buch auf der Internetseite www.karriere-ohne-studium.de.

Der Fotograf

Axel Griesch arbeitet seit mehr als 25 Jahren als Porträt- und Reportagefotograf für renommierte Zeitschriften sowie als Werbe- und Wissenschaftsfotograf für Unternehmen und andere Organisationen. Insbesondere Reportagen führten ihn bislang in mehrere Länder Europas, in die USA, nach Brasilien und nach Indonesien.

Bis zu seinem zehnten Lebensjahr lebte Axel Griesch mit seinen Eltern in der Schweiz nahe Zürich. Dann zog die Familie wieder nach Deutschland – ins hessische Bad Homburg. Dort richtete der inzwischen 14-Jährige im Keller des Elternhauses sein erstes Fotolabor ein. Mit 16 bekam der leidenschaftliche Hobbyfotograf erste Fotoaufträge von lokalen Zeitungen. Nach dem Abitur begann er ein Maschinenbaustudium, das er nach dem dritten Semester abbrach, um seine Leidenschaft zum Beruf zu machen.

Seine Professionalisierung als Fotograf startete er mit großer finanzieller und emotionaler Unterstützung seines Vaters, die es Axel Griesch ermöglichte, zwei Jahre lang eine Privatschule für Fotodesign in Pforzheim zu besuchen. Parallel finanzierte er sich mit Fotoaufträgen lokaler Uhrenhersteller.

Nach der Fotodesign-Ausbildung arbeitete er drei Jahre als freiberuflicher Fotoassistent in Frankfurt am Main, Hamburg und München und etablierte sich dann als selbstständiger Fotograf (www.axel-griesch.de). Griesch lebt mit seiner Familie in München.

1.

Karrieren ohne Studium

Warum wir darüber reden müssen

Wenn Entscheider aus Unternehmen und anderen Organisationen heutzutage Bewerbungen sondieren, sortieren immer mehr von ihnen zuerst jene Bewerber aus, denen Formalitäten wie ein abgeschlossenes Studium fehlen. Denn Formales zählt in Deutschland oft mehr als der Mensch.

In den folgenden fünf Interviews stellen sich Menschen vor, die sich ohne Studium erfolgreich entwickelt haben. Sie erzählen, was und wer sie geprägt hat, wie sie mit vermeintlichem Scheitern und mit Sinnkrisen umgegangen sind, wie sie sich Chancen erarbeitet und diese genutzt haben und was sie anderen Nichtakademikern raten. Wer begreift, wie diese Menschen „ticken", versteht auch, wie Karriere geht.

1.1

JOSCHKA FISCHER
über unakzeptable Autoritäten, dickköpfige Ansichten, schmerzhafte Einsichten, ernüchternde Taxifahrten und die härtesten Monate seiner Karriere

Joseph „Joschka" Martin Fischer. Geboren: 1948 in Gerabronn/Baden-Württemberg. Einfache Eltern, wie er sagt. Einziges Ausbildungszertifikat: ein Taxischein. Prägendes Wesensmerkmal: sein Dickkopf. Dieser Mann hat die außergewöhnlichste Politikerkarriere gelebt, die es nach dem Zweiten Weltkrieg in Deutschland gegeben hat.

Seine wichtigsten Karriereschritte in aller Kürze (Bitte durchhalten!): Beobachter politischer Debatten im Familienkreis (still und leise), Leseratte (nachdenklich), Autoritätenschreck (mit dicker Lippe), Gymnasiast (Abbrecher), Azubi (Abbrecher), Gasthörer in Uni-Hörsälen (Philosophie-affin), Außerparlamentarischer Oppositioneller (radikal), Buchhändler (leidenschaftlich links), Opel-Arbeiter (fristlos entlassen), Taxifahrer (gerne nachts), Parteimitglied der Grünen (real statt radikal), brillanter Redner (mitunter deftig), hessischer Umweltminister (als erster Grüner und in Turnschuhen), „Dumme"-Fragen-Steller (und stolz darauf), Sprecher der Bundestagsfraktion Bündnis 90/Die Grünen (in Hochform), 1998 bis 2005 Bundesaußenminister und Vizekanzler der BRD (weltweit geachtet), Gastprofessor an der US-Eliteuniversität Princeton (als erster Taxifahrer), Berater unter anderem für die Beratungsfirma der ehemaligen US-Außenministerin Madeleine Albright (leise und diskret).

Aus der Puste, liebe Leserinnen und Leser? Fischer war es nicht, als er für dieses Buch reflektierte, was ihn für seinen Aufstieg befähigt hat. Im Gegenteil: Er tat es langsam, mit Bedacht. Und schien bei den Gedanken an sein erstes großes Amt regelrecht unglücklich zu sein.

Warum? Karriere kann wehtun. Aber wenn sie lediglich ein Nebenprodukt leidenschaftlichen beruflichen Wirkens ist, lassen sich Stresspfunde und graue Haare auch leidenschaftlich verschmerzen, wie Fischer zeigt. Hier nun zum Interview.

JOSCHKA FISCHER

»Immer stumpf rein in den Schädel! Das hat mich angeödet.«

Herr Fischer, Sie waren der erste Grüne, der es in der Politik so richtig weit gebracht hat. Welche Eigenschaften haben Ihnen dabei am meisten geholfen?
Joschka Fischer: Dieselben Eigenschaften, die auch vielen anderen Menschen helfen: Feuer für die eigene Profession, ein bisschen Köpfchen und – mit den Jahren – Lebenserfahrung.

Wann hat Ihr Feuer für Politik zu lodern begonnen?
Als Steppke im Familienkreis. Um das zu erklären, müsste ich etwas ausholen.

Bitte.
Ich bin in den 1950er- und 1960er-Jahren groß geworden, in einer hochpolitischen Zeit mit Weltkriegsbewältigung, Ungarn-Aufstand, Mauerbau und erneuter Kriegsangst. An den Wochenenden besuchten meine Eltern und ich oft Verwandte und Bekannte, oder diese besuchten uns. Die Männer bei diesen Treffen rauchten, tranken und politisierten oft lautstark. Und der kleine Joseph saß mittendrin und hörte fasziniert zu. Wieder daheim, suchte ich in den Geschichtsbüchern meiner zwei älteren Schwestern die Zusammenhänge dieser soeben gehörten Diskussionen zu verstehen. Natürlich las ich in den Büchern auch darüber, wovon ich im Familienkreis schon vieles gehört hatte: über Krieg, Nationalsozialismus und Vertreibung. Meine Familie waren heimatvertriebene Ungarndeutsche, weshalb ich in dieser Hinsicht wohl besonders sensibel war. Und viele Alt-Nazis waren nach wie vor gesellschaftsfähig. Fast so, als hätte es Hitler niemals gegeben. All das hat mich natürlich auch politisiert.

Hat es Ihr Verhalten geprägt?
Zunächst bin ich damals sehr nachdenklich geworden und habe mich häufig zurückgezogen, um zu lesen.

Sie wurden zum Einzelgänger?
Das wiederum nicht. Ich hatte Freunde, bolzte leidenschaftlich Fußball und riskierte gerne eine dicke Lippe.

Haben Sie dafür auch mal was auf die Lippe gekriegt?
Nur sinnbildlich. Von schlechten Lehrern. Einige meiner Lehrer haben wesentlich dazu beigetragen, dass ich einen steinigen Weg gegangen bin. Allerdings, das gebe ich zu, war ich schon immer ein Dickkopf.

Wann sind Lehrer aus Ihrer Sicht schlecht?
Wenn sie langweilen. Ich bin ein schlechter Schüler geworden, weil mich kein Lehrer zum Pauken motivieren konnte. Stures Pauken war in meiner Gymnasialzeit die Hauptlernmethode. Immer stumpf rein in den Schädel! Das hat mich angeödet. Da habe ich abgeschaltet und Blödsinn gemacht, vor allem in Mathematik und Latein.

Das konnten Sie sich erlauben? Damals waren Lehrer doch viel autoritärer als heute.
Eben. Wenn ich etwas auf den Tod nicht ausstehen konnte, war es, etwas zu tun, nur weil eine sogenannte Autorität es wollte. Zumal darunter manche Alt-Nazis waren.

In den 60er-Jahren wohnten Sie mit Ihren Eltern in Stuttgart und gingen dort auf ein Gymnasium, das Sie ohne Abschluss verließen. Warum ohne Abschluss?
Es fing damit an, dass ich meiner Ansicht nach zu Unrecht die fünfte Klasse wiederholen musste. Das hat mich geradezu erbittert, weil ich – rein an den Leistungen gemessen – hätte versetzt werden müssen. Aber bestimmte Lehrer haben mir möglichst schlechte Noten gegeben, weil sie mich nicht mochten. Nach dieser Erfahrung wollte ich am liebsten nie mehr zur Schule gehen. Mit 16 Jahren, im Jahr 1965, habe die Schule geschmissen.

Gab es in Ihrer Jugend auch Menschen, von denen Sie gefördert wurden?
Ich habe alles selber gemacht.

Und Ihre Eltern?
Meine Eltern – einfache Leute, wie man so sagte – haben meine Neigungen nie verstanden. Und die Konsequenzen meiner Neigungen waren eine Tragödie für sie. Ich bin meinen Weg trotzdem gegangen, weil ich überzeugt davon war, das Richtige zu tun.

Fühlten Sie sich von Ihren Eltern alleine gelassen?
Ich fühlte mich eher unverstanden. Allerdings habe ich mich in der Pubertät

auch manchmal selbst nicht verstanden. Ich hatte diesen verdammt harten Dickkopf.

Und was wollte Ihr Dickkopf, nachdem Sie das Gymnasium geschmissen hatten?
Freiheit, mein Leben selbst bestimmen! Alle Versuche von irgendwelchen „Autoritäten", mich in ihre Norm zu pressen, scheiterten. Ich wollte mir einfach nichts gefallen lassen, wovon ich mich bedrängt oder unterdrückt fühlte.

Beschreiben Sie bitte so eine Situation.
Nachdem ich das Gymnasium verlassen hatte, begann ich eine Fotografenausbildung. Eines Tages wurde ich von meinem Chef derart angeschnauzt, dass ich übel zurückschnauzte. Dann schlug ich die Tür hinter mir zu – und das wars mit der Lehre. *(Denkt nach)* Oder als ich in einem Schnellrestaurant aushalf, um mir ein paar Mark zu verdienen: Dort bekam ich gleich am ersten Tag mit, wie der Chef einen meiner Kollegen ganz übel anging. Das hat mich wütend gemacht. Abends fragte mich der Chef, ob ich am nächsten Tag wiederkommen wolle. Ich war immer noch wütend und antwortete, dass er sich den Job sonst wohin stecken könne! Dann ging ich. Das war mein Stil gegenüber Autoritäten, die ich nicht akzeptieren konnte.

Wie lange haben Sie die Fotografenausbildung ausgehalten?
Ein Jahr. 1966 war Schluss.

Danach haben Sie sich der linken Studentenbewegung, auch Außerparlamentarische Opposition oder studentische APO genannt, angeschlossen. Wie sind Sie bei Studenten gelandet, obwohl Sie nicht mal einen Schulabschluss hatten?
Ich habe mich sehr für Geschichte, Politik und Philosophie interessiert. Deshalb begann ich, regelmäßig Vorlesungen und Seminare des Philosophen Robert Spaemann und seines Assistenten Reinhart Maurer an der Universität Stuttgart zu besuchen.

Ohne an der Uni eingeschrieben gewesen zu sein?
Richtig. Das ging ja nicht ohne Abitur. Außerdem verband mich vieles mit der APO, beispielsweise die Empörung darüber, dass unsere Elterngeneration ganz offensichtlich die Nazi-Verbrechen verdrängte und immer noch massenhaft Alt-Nazis auf hohen Posten saßen. Ich war recht früh überzeugt davon, dass diese Leute endlich weg mussten – und sei es durch eine Revolution.

Hatten Sie Vorbilder in dieser Zeit?

Etablierte politische Vorbilder waren für mich aufgrund der spezifischen deutschen Nachkriegssituation unmöglich. Für mich waren die 60er-Jahre eine Zeit, die ihre Vorbilder selbst schuf: Musikrevolutionäre wie die Beatles, die Rolling Stones und Bob Dylan zum Beispiel. Es war die Zeit der antiautoritären Revolte. Deshalb wollte ich auch bald weg vom eher theoretischen Teil der antiautoritären Bewegung und bin 1968 nach Frankfurt gezogen, wo *action* war. Dort besuchte ich dann auch die Uni-Vorlesungen und Seminare von Theodor W. Adorno und Jürgen Habermas.

Haben Sie nie befürchtet, dass es sich später rächen könnte, wenn Ihnen formale Ausbildungsabschlüsse fehlen?

Nein, nie. Ich wusste recht früh, ich packe das auch so. Ich war überzeugt davon, dass ich mein Leben auch ohne solche Zertifikate sinnvoll gestalten kann, wobei das keine Empfehlung an die Jugend von heute sein soll. In Frankfurt dachte ich irgendwann: Wozu die offizielle Hochschulreife nachholen, wenn ich als wilder Gasthörer auch ohne das Zertifikat studieren kann? Natürlich konnte ich keine Uni-Prüfungen ablegen, aber das war mir damals egal.

Sie entwickelten sich zu einem Praktiker mit Interesse an der Theorie?

Mich interessierte Politik immer nur gemeinsam mit ihrer theoretischen Seite, zumal ich erkannte, dass jeder Praktiker, ob in Politik oder Wirtschaft, eine gute theoretische Grundlage braucht. Mein Theorie-Interesse war auch ein Grund dafür, dass ich 1970 in Frankfurt die Karl-Marx-Buchhandlung für politische Literatur mitgründete, die noch heute zu den Universitätsbuchhandlungen der Stadt gehört. Das war, wenn man so will, die Fortsetzung meiner Leidenschaft für politische Texte, die ich schon als Steppke hatte.

1971 bewarben Sie sich mit politisch Gleichgesinnten beim Autobauer Opel als ungelernter Arbeiter für die Fabrik Rüsselsheim bei Frankfurt. In Wahrheit wollten Sie aber gar nicht arbeiten, sondern heimlich andere Arbeiter für einen Systemsturz in Deutschland gewinnen, für eine Revolution sozusagen. Wie haben Sie sich bei Opel eingeschlichen?

Ganz einfach, durch die Vordertür: Es gab einen Aufnahmeprozess, wobei dessen schwierigste Hürde war, dass der Pförtner einen überhaupt durchs Werktor ließ. Danach bekam ich in der Personalabteilung einen Arbeitsvertrag, wurde fast automatisch Gewerkschaftsmitglied – und schon war ich drin.

Wie verfolgten Sie Ihren revolutionären Plan?
Vor allem verteilten wir Flugblätter und versuchten, verbal zu überzeugen. Da die deutschen Arbeiter, überwiegend Sozialdemokraten, bereits gewerkschaftlich organisiert waren, konzentrierten wir uns auf Gastarbeiter, die damals unter kaum akzeptablen Bedingungen hausten und ausgegrenzt waren.

Haben Sie auch mal das gemacht, wofür Sie eingestellt wurden?
Nebenbei musste ich natürlich Kolben in Automotoren bauen. Das könnte ich heute noch!

Hat es Spaß gemacht?
Was? Kolben einbauen oder Revolution vorbereiten?

Kolben einbauen.
Wie kann es Spaß machen, jeden Tag dieselben zehn, fünfzehn Handgriffe zu machen? Zumal wir bei der Hitze im Sommer acht Stunden pro Schicht in der eigenen Suppe standen. Damals waren die Arbeitsbedingungen schlechter als heute.

Für Sie galt das nur einen einzigen Sommer. Dann wurden sie als Revoluzzer enttarnt und sind fristlos rausgeflogen.
Richtig, nach einem halben Jahr.

Ohne dass bei Opel die Revolution ausgebrochen war. Wie sind Sie damit umgegangen, mit Ihren Ideen gegen die Wand gefahren zu sein?
Das interpretiere ich anders: Unsere Gruppe „Revolutionärer Kampf" hat Spuren hinterlassen. Das sah man zum Beispiel daran, dass die traditionelle IG-Metall-Hierarchie nach unseren Interventionen von jungen Vertrauensleuten gestürzt wurde.

Dennoch: Revolution geht anders. Wie gingen Sie damit um, gescheitert zu sein?
Wir haben analysiert, was funktioniert hat und was nicht. Solche Erfahrungsanalysen sind in allen Lebenslagen wichtig, um die richtigen Konsequenzen zu ziehen. Von daher bin ich nicht gescheitert, sondern habe dazugelernt. So sah ich es schon immer: Verfehlte Ziele können einen auch weiterbringen. Aber ja, irgendwann fand es sogar mein Dickkopf deprimierend, mit der Revolution auf ein falsches Pferd gesetzt zu haben. Das hat mich Ende der 70er-Jahre in eine richtige Lebenskrise gestürzt.

Wie tickten Sie in dieser Krise?
Ich habe mich – wie schon als Steppke in schwierigen Phasen – relativ stark zurückgezogen, um nachzudenken. Gleichzeitig achtete ich darauf, dass mir meine Frankfurter Freunde erhalten blieben. Das war ganz wichtig für mich. Viele Freunde von damals habe ich immer noch. Sich völlig einzuigeln bringt ja nichts. Sinnkrisen bieten immer die Chance, sich zu überprüfen und umzudenken.

Haben Sie umgedacht?
Wir waren inzwischen fast alle um die 30 Jahre alt, da fängt man ja an, etwas ruhiger zu werden. Jeder von unserer Gruppe hat damals seinen Lebensentwurf hinterfragt. Konnten wir unsere Interessen durchsetzen, wenn wir so radikal weitermachten? Hatten wir realistische Ziele? Daraufhin eröffneten die einen erstmal ein Backwarengeschäft, andere eine Druckerei, manche brachten ihr Studium zu Ende und so weiter. Für die meisten von uns begann eine Phase, in der wir mehr an die Gegenwart dachten als an einen künftigen Systemsturz.

Was bedeutete das im Alltag für Sie?
Ich kümmerte mich vor allem weiter um meine Buchhandlung, wurde zudem Nachttaxifahrer und – 1979 und 1983 – Vater von zwei Kindern.

Was hat Ihnen Ihre radikale Zeit gebracht? Man könnte sagen, Sie hätten sich vergaloppiert.
Na und? Das ist richtig, aber ich habe wahnsinnig viel gelernt damals. Meine Rhetorik zum Beispiel, die mir später als Parlamentspolitiker noch viel helfen sollte, habe ich bei unzähligen hitzigen Studentendebatten an der Frankfurter Universität ausgebildet. Meine Nehmerqualitäten übrigens auch.

Und im Taxi?
Da bekam ich Menschenkenntnis. Es haben sich ja im Laufe meiner Jahre im Deutschen Bundestag viele Abgeordnete darüber mokiert, dass mein einziger zertifizierter Abschluss der Taxischein ist. Dabei war die Fahrerei unglaublich lehrreich. Im Taxi habe ich ein realistisches Menschenbild bekommen und begriffen, dass ich mich die zehn Jahre davor geirrt hatte, als ich dachte, der Mensch müsse nur befreit werden, dann käme das Gute in ihm zum Vorschein.

Warum ging Ihnen dieses Licht ausgerechnet im Taxi auf?
Damals waren Taxis nachts – so habe zumindest ich es empfunden – für viele

Kunden fast so etwas wie ein rechtsfreier Raum. Nur ein Beispiel: Einmal fing ein Kerl an, in meinem Taxi während der Fahrt seine Dame zu verprügeln. Da habe ich die Bremse durchgedrückt und gerufen, dass jetzt Schluss ist damit! Daraufhin wurde ich attackiert – von der Dame! Na ja, ich habe natürlich auch Schönes erlebt. Aber Gemeinheiten, das habe ich Anfang der 80er-Jahre im Taxi gesehen, begeht nicht nur die herrschende Klasse. Durch diese Erfahrung bin ich realistischer und gemäßigter geworden.

Außerhalb des Taxis attackierten Sie weiter die etablierte Politik, traten als sogenannter Realpolitiker 1982 der zwei Jahre zuvor gegründeten Partei Die Grünen bei, debattierten sich 1985 auf die Wahlliste der hessischen Landtagswahl und wurden tatsächlich Ende 1985 mit 37 Jahren hessischer Umweltminister. Dieser Karriereschritt muss doch für einen Exoten wie Sie ein Wahnsinns-Triumph gewesen sein.
Ein Triumph? *(Überlegt)*

Der erste Minister der Grünen! Der erste Minister hierzulande ohne Schulabschluss! Der erste, der sich in Jeans und Turnschuhen vereidigen ließ. Welch eine Karriere!
(Denkt weiter nach) Die 16 Monate als Umweltminister in Wiesbaden waren die härtesten meines Lebens, weil ich alles falsch gemacht habe, was ich falsch machen konnte.

Im Rückblick auf Ihre Karriere sieht es so aus, als hätten Sie alles richtig gemacht.
Kaum etwas habe ich damals in Hessen richtig gemacht! Ich hatte doch keine Ahnung, wie man regiert! Es ist ein großer Unterschied, ob man opponiert oder regiert. Regieren heißt, politische Mehrheitsmeinungen tatsächlich administrativ umsetzen zu müssen. Das ist wesentlich komplizierter als nur die dicke oppositionelle Lippe zu riskieren. Und ich war als Umweltminister plötzlich an der Spitze einer Hierarchie statt unter Gleichen im Parlament.

An der Spitze einer Hierarchie? Davon träumen viele Menschen, die Karriere machen wollen. Warum schauen Sie jetzt so düster?
Ich hatte doch keine Ahnung von dem Job! Und es ging nur noch um meinen Kopf, wirklich nur noch um den.

Wer wollte Ihnen den abreißen?
Bei den Grünen waren die „Fundis", also die extrem ökologisch argumentieren-

den Parteimitglieder, in der Übermacht – und gegen den sogenannten Realpolitiker Fischer. Auch das Gros der Öffentlichkeit war gegen mich. Die Industrie sowieso. Und dann explodierte auch noch dieser Atomreaktor in Tschernobyl! Mit dem Wort Karriere verbinden die meisten Menschen ja Angenehmes. Ich aber wäre am liebsten ausgewandert. Es war furchtbar. Damals bekam ich meine ersten grauen Haare, nahm zu und fühlte mich physisch und psychisch manchmal am Ende.

Sie hätten sagen können: Und tschüss, Ihr könnt mich alle mal!
In den Jahren zuvor habe ich das ja öfter gesagt, wenn es mir irgendwo zu bunt wurde. Doch jetzt ging das nicht mehr. Ich hatte als erster Grüner politische Verantwortung als Minister übernommen, wollte, dass wir Gestaltungsfaktor werden und beweisen, dass Grüne regieren können. Da waren viele Leute, die ihre Jobs aufgegeben hatten, um mit mir ins Ministerium nach Wiesbaden zu gehen, da hingen ganze Familien dran. Jetzt hatte ich richtig Verantwortung. Schmeißt man dann einfach hin?

Letztlich sind Sie zwölf Jahre später sogar Bundesaußenminister und Vizekanzler hinter Gerhard Schröder von der SPD geworden. War das Ihr Karriereziel?
Es hört sich vielleicht abgedroschen an, aber es stimmt: Was mich angetrieben hat, waren politische Überzeugungen, die ich erst durch- und dann umsetzen wollte. Dass ich dabei Karriere machte und sogar Außenamtschef wurde, war nie mein Ziel, sondern ein Nebenprodukt. Hätte mir jemand gesagt, ich soll Landwirtschaftsminister werden, hätte ich auch das gemacht, um politisch zu wirken. Und Landwirtschaft hat mich damals weiß Gott nicht interessiert.

Sie sagten vorhin, dass Bundestagsabgeordnete sich während Ihrer Politik-Karriere darüber mokiert hätten, dass Sie außer Ihrem Taxischein keinerlei Ausbildungsnachweis besaßen. Hatten Sie mal Minderwertigkeitsgefühle unter all den Studierten im Parlament?
Sowas kenne ich nicht. Und übrigens bin ich ausgebildet worden, spätestens seit den Vorlesungen an der Uni in Frankfurt. Okay, als Gasthörer habe ich kein Zertifikat bekommen. Doch ich habe studiert: das Leben, die Menschen, deutsche Philosophie und internationale Politik.

Aber Wissenslücken kennen Sie sicher, die gibts bei Nichtakademikern gegenüber Studierten eigentlich zwangsläufig. Wie sind Sie damit umgegangen?
Als ich zum Beispiel hessischer Umweltminister wurde, hat man mir zum

Start stapelweise Akten auf den Tisch gepackt. Die habe ich durchgeackert und wenn ich etwas nicht verstanden habe, ging ich jemanden fragen.

Sie sind auf niedrigere Hierarchiestufen gestiegen, haben Nichtwissen zugegeben und Unterstellte um Hilfe gebeten?
Für mich ist das normal – heute noch. Ich stelle gerne lange „dumme" Fragen, bis ich die Dinge begriffen habe. Da bricht mir doch kein Zacken aus der Krone! Die meisten Menschen reagieren sogar positiv darauf.

Wann, glauben Sie, kann jemand ohne herkömmliche Ausbildung gut in einem Job werden?
Wenn er Zusammenhänge begreift, mitdenkt und die Chance auf *training on the job* bekommt. Das gilt zumindest für viele Berufstätigkeiten. Es reicht aber nicht, nur die Terminologie draufzuhaben. Man muss seine Themen soweit verstehen, dass man gute Entscheidungen treffen kann.

Die deutsche Politik tat und tut viel dafür, die Akademikerquote zu erhöhen. Wie finden Sie das?
Grundsätzlich ist Bildung und Ausbildung immer wichtig und jeder muss die Chance auf ein Studium haben. Ich finde aber, dass es im deutschen dualen System auch genug andere qualifizierte Ausbildungswege gibt, wenn man nicht gerade eine wissenschaftliche Berufslaufbahn einschlagen will.

Es werden zunehmend Berufe akademisiert, die mit wissenschaftlicher Forschung rein gar nichts zu tun haben.
Dass Bildung in Deutschland heute hauptsächlich mit Blick auf wirtschaftliche Verwertbarkeit gesehen wird, halte ich für ein ganz großes Defizit. Ebenso übrigens, dass diesem Defizit die Geisteswissenschaften zum Opfer fallen.

Sind politische Karrieren wie Ihre heute noch ohne Studium möglich?
Das glaube ich schon, halte das aber für weniger relevant als den Fakt, dass es heute nur noch politische Karrieren gibt.

Wie meinen Sie das?
Die deutsche Politik wird beherrscht von langweiligen Leuten mit einheitlichen Karrierewegen. Die sogenannten Ochsentouristen haben sich durchgesetzt. Sie starten in der Parteijugend, durchlaufen dann die politischen Ebenen und je

nachdem, wer an der Spitze wegstirbt oder aus anderen Gründen ausfällt, rücken die Ochsentouristen nach. Und wenn sie dann endlich eine wichtige Position innehaben, herrscht beeindruckende Erhabenheit. Politik, so nehme ich es wahr, wird heute viel mehr als früher aus Karrieregründen gemacht statt aus Leidenschaft und Überzeugung. Und das merkt man ihr an.

Was braucht ein guter Politiker außer Leidenschaft und Überzeugung?
Zum Beispiel die Fähigkeiten, Menschen unterschiedlichster sozialer Gruppen zu verstehen und sie mitnehmen zu können, kritisch das eigene Handeln zu hinterfragen und – neben Bildung – Lebenserfahrung.

Die man zum Beispiel als Taxifahrer bekommt?
Oder auf dem Bau, in der Gastronomie und anderswo. Fakt ist: Der Politik fehlen echte Typen. Davon gab es früher mehr.

Das sagt man auch vom Profifußball, wie Sie als früherer Hobbykicker wissen.
Wobei das Leistungsniveau der Profifußballer deutlich gestiegen ist.

Herr Fischer, vielen Dank für das Gespräch.

1.2

TIM MÄLZER
über akademische Alltagsferne, demütigende Vorgesetzte, überraschende Siege, lehrreiche Rückschläge und leidenschaftliches Kochen

Seine berufliche Karriere begann als Verkäufer in einem Sadomaso-Laden auf der Hamburger Reeperbahn – oder irgendwo anders in dieser Ecke. Denn Tim Mälzer, geboren 1971 in Elmshorn bei Hamburg und aufgewachsen in Pinneberg, arbeitete in jungen Jahren fast überall. Als Abiturient räumte er sogar lieber Banken aus, als sich auf ein Studium vorzubereiten. Mit 21 Jahren schrieb er die einzige Bewerbung seines Lebens – um Koch zu werden.

Die Ausbildung war zunächst nur eine Notlösung, schließlich wollte er später Hoteldirektor werden. Damals ahnte Tim Mälzer noch nicht, dass er zwei Jahre später am renommiertesten Nachwuchskoch-Wettbewerb Deutschlands teilnehmen wollte. Dass er dafür von fast allen Köchen seiner Ausbildungsküche schallend ausgelacht wurde. Dass er trotzdem teilnahm, weil er beim Kochwettbewerb lieber verlor, als sich von seinen Vorgesetzten dumm kommen zu lassen. Und dass er tatsächlich „Bester Jungkoch" Deutschlands wurde und der Siegerpreis sein Leben veränderte.

Das war 1994. Im Jahr 2002, nach Jahren als angestellter Koch, wurde er Unternehmer und eröffnete in Hamburg sein erstes Restaurant. Im Jahr darauf begann seine Fernsehkoch-Karriere. Heute ist er ein echter Star, umtriebiger Gastronom und vielfacher Kochbuchautor.

Dennoch ist er geblieben, was er immer war: ein Extremist, wie er sich nennt. Einer, der trotzdem die Normalität liebt, seine Gesprächspartner lieber duzt als siezt, bis zum Umfallen arbeitet und lebensfroh seine Grenzen testet, obwohl er die schon mal fast überschritten hätte. Daraus hat er viel gelernt – zum Beispiel, sich auf allen Karrierewegen treu zu bleiben. Mehr verrät er im Interview.

TIM MÄLZER

»Wenn du einen richtig coolen Job willst, darfst du nicht nur aufs Geld schauen.«

Tim, welchen Eigenschaften verdankst Du Deinen beruflichen Aufstieg?
Tim Mälzer: *(Denkt länger nach)* Abenteuerlust, Naivität, Reflexionsvermögen, Entscheidungsfreude, Fleiß. Ja, die halte ich für die wichtigsten.

Naivität?
Ich hätte keinen meiner Gastronomiebetriebe, würde ich nicht mit einer Art Naivität die Risiken ausblenden. Ich verstehe, was 100 Euro und 1.000 Euro sind, aber bei 100.000 Euro habe ich keine Relation mehr zu Geld. So gesehen macht es für mich keinen Unterschied, ob sich eine Schuldensumme auf 100.000 oder 500.000 Euro beläuft. Aber ob so oder so: Bislang ist es immer gut gegangen.

Warum redest Du von Schulden, obwohl Du in Deiner Karriere schon jede Menge Geld verdient hast.
Das meiste davon ist in meinen Firmen investiert. Ich habe kaum etwas angelegt, um beispielsweise Zinsen zu kassieren.

Wann hast Du Dich erstmals fürs Kochen interessiert?
Für das Kochen schon als Kind, aber ohne bewusstes berufliches Interesse. Das kam erst, als ich mit 21 Jahren die Lehre begonnen habe.

In diesem Alter haben die meisten Jugendlichen ihre Lehre schon abgeschlossen. Was hast Du so lange getrieben?
Mich umgeschaut. Ich war immer eine Art Mannschaftssportler, ein geselliger Typ, zu Hause in vielen Cliquen, hatte überall Freunde. Und während meine Freunde zum Beispiel nur einen bestimmten Musikstil hörten, habe ich viele Stile gehört. Aus allem habe ich das für mich Beste rausgepickt. Weil ich so vielseitig war, brauchte ich länger, um mich auf einen Beruf festzulegen.

Vom Musikhören wirst Du kaum satt geworden sein.
Gearbeitet habe ich natürlich auch. Und zwar reichlich!

Wo?

Oje. *(Lacht)* Überall! Nach dem Zivildienst in Pinneberg habe ich zunächst in einem SM-Klamottenladen auf der Reeperbahn ausgeholfen. Nebenbei habe ich schon immer in der Gastronomie gejobbt, allerdings erstmal nur im Service statt in der Küche. *(Überlegt)* Doch! Manchmal habe ich Karpfen getötet und Kartoffeln geschält. Ich habe übrigens auch mal Banken ausgeräumt …

Ausgeraubt??

Nicht wie im Film, sondern als Möbelpacker bei Umzügen! Also im wahrsten Sinne des Wortes „ausgeräumt". Außerdem habe ich mal in einer Baumschule gejobbt, Zeitungen ausgetragen, Autogurte montiert, Autos gewaschen und so weiter. Ich war ein Allrounder, der schon als 14-Jähriger nach der Schule geschuftet hat. Mit 16 hatte ich drei Jobs gleichzeitig. Mit 17 bin ich von zu Hause in Pinneberg nach Hamburg gezogen und habe für mich selbst gesorgt.

Warum bist Du zu Hause raus? Hotel Mama wäre vielleicht bequemer gewesen.

Meine Eltern waren geschieden und meine Mutter als Alleinverdienerin nicht gerade wohlhabend. Wenn ich mir etwas Besonderes leisten wollte, musste ich selber dafür aufkommen. Wenn meine Jungs sich am Freitag- und Samstagabend getroffen haben, bin ich oft erst später zu den Partys gegangen, weil ich bis Mitternacht irgendwo gearbeitet habe.

Was hat Deine Mutter beruflich gemacht?

Sie war für eine Großküche tätig, erst im Innen-, später im Außendienst.

Du bist früh erwachsen geworden?

Kann sein. Ich glaube übrigens, nie in der Pubertät gewesen zu sein. *(Lacht)* Aber im Ernst: Mein Weltbild ist heute das gleiche wie vor 30 Jahren.

Fühlst Du Dich selbstbewusst? In den Medien kommst Du so rüber.

Selbstbewusst bin ich, aber weniger extrovertiert als viele denken, die mich nur aus dem Fernsehen kennen. Dort geht's um Entertainment, da spiele ich auf gewisse Art eine Rolle. Ansonsten bin ich nur dort extrovertiert, wo ich eine gewisse Wärme und mich zu Hause fühle.

Und anderswo?

Bin ich eher der zurückhaltende Beobachter.

Was beobachtest Du?
Am liebsten, wie die Leute miteinander reden und was sie sich zu sagen haben.

Warum interessiert Dich das?
Weil ich daraus lernen will. Ich stelle aber auch vieles in Frage.

Sogar die deutsche Spitzenküche. Was stört Dich an ihr?
Das muss man differenziert betrachten und ich will eines klarstellen: Mir wird nachgesagt, ich hätte etwas gegen die Spitzenklasse meiner Branche. Aber das Gegenteil ist der Fall: Ich liebe sie! Ich weigere mich lediglich, mich mit deren Problemen zu befassen. Ich denke im Gegenzug aber nicht, dass der Rest der Welt kochen muss wie ich, weil ich so spitze bin.

Fühlst Du Dich missverstanden?
Durchaus. Ein Beispiel: Ich habe mal einen Vortrag über Schulverpflegung gehalten, bei dem ich die aktuelle Ernährungslehre sachte kritisiert habe. Ich vertrete die Meinung, dass da zu viel Kopf im Spiel ist, zu viel Lehre, zu viel wissenschaftlich begründeter Dogmatismus – und zu wenig Emotion und Lebensnähe! Es gibt meiner Ansicht nach in der Ernährung mehr als nur eine Wahrheit, auch im wissenschaftlichen Bereich. Und nicht jeder versteht Inhalte auf die gleiche Weise. Darum muss die Ansprache ausgewogen sein. Wegen solcher Ansichten sind die Ernährungswissenschaftler gegen mich auf die Barrikaden gegangen.

Wo lag das Missverständnis?
Ich habe nicht die Wissenschaft kritisiert, sondern die Art und Weise, wie sie Kindern und Jugendlichen eingebläut werden soll. Als 12-Jähriger hat mich die Ernährungspyramide nicht interessiert. Da wird meiner Meinung nach so viel akademisiert, dass den Kindern der Appetit vergeht.

Wie ginge es anders?
Wir müssen auf Freude am Genuss setzen. Wenn Kinder ihr Essen und vielleicht sogar die Zubereitung genießen können, ist immer noch Zeit für die Ernährungspyramide. Natürlich haben Ernährungswissenschaftler mehr Wissen als ich. Aber damit ihre Theorien wichtiger erscheinen, erklären sie ihr Wissen als absolut. Das funktioniert aber scheinbar in der Praxis nicht, wie man an den schlechten Essgewohnheiten vieler Kinder und Jugendlicher sieht.

Gab es in Deiner Jugend Leute, die Dich gefördert haben?
In Bezug auf die Karriere?

Zum Beispiel.
Kaum. Wir haben zu Hause nie diskutiert, was ich beruflich machen soll. Niemand hat ein Studium von mir erwartet. Keiner hat je kritisiert, dass ich es gelassen habe. So war es immer in meiner Familie: Jeder macht, was er will und wird akzeptiert. Absolut kein Druck. Das ist Freiheit, denke ich.

Du hast immerhin Abitur gemacht. Warst Du ein guter Schüler?
Ich habe ehrlich gesagt wenig Sinn im Abitur gesehen. So sah dann allerdings auch der Notenschnitt aus: eine gute Vier, würde ich sagen.

Wie hast Du Deine Lehrer empfunden?
Die meisten an meiner Schule waren okay.

Warum hast Du überhaupt Abitur gemacht? Wärst Du mit dem Realschulabschluss direkt in eine Lehre gegangen, hättest Du Zeit gespart.
Ja, aber ich war doch erst 16. Da hast du doch noch keine Vorstellung von irgendetwas. Irgendwie wollte ich auch diesen Abschnitt, das Abitur, mit einem guten Ergebnis zu Ende bringen.

Haben Freunde von Dir studiert?
Fast alle. Ich war einer von wenigen aus meinen Cliquen, die eine praktische Ausbildung gemacht haben.

Bist Du Dir als Lehrling unter all den Studenten mal blöd vorgekommen?
Das ist tatsächlich vorgekommen. Mir fällt dazu eine Geschichte ein: Ich war zu Hause bei einem Freund, mit dem ich ausgehen wollte, und wartete auf ihn in der Küche, als seine Mutter hereinkam und fragte, ob ich ein Kommilitone sei. Ich sagte, ich mache eine Ausbildung. Woraufhin sie sagte: „Oh, interessant. Was lernst du denn?" Daraufhin erklärte ich ihr, dass ich Koch werde. Nach einem für meine Begriffe etwas zu langem Schweigen meinte Sie, so etwas müsse es ja schließlich auch geben. Diese Mutter war Hausfrau! Ob sie jemals richtig körperlich gearbeitet hat? Ich bezweifle es. Ein anderes Beispiel ist mein Rektor während des Abiturs, wir sollten ihm berufliche Visionen aufschreiben. Und weil ich keine hatte und

gerade in einer Kneipe jobbte, machte ich mir einen Spaß und schrieb: Wer nichts wird, wird Wirt. Daraufhin nahm er mich zur Seite und fragte, warum ich mein Leben wegwerfen wolle. Als wäre ein Studium an sich ein Qualitätsmerkmal!

Was hältst Du von Autoritäten wie solchen Rektoren?
Sagen wir so: Ich habe Zivildienst gemacht, weil ich mich beim Bund nicht unterdrücken lassen wollte, wenn womöglich mein Hemd falsch gefaltet ist.

Was hat Dich zur Ausbildung zum Koch gezogen?
Ich wollte eigentlich Hoteldirektor werden. Dafür kann man studieren oder man wählt den praktischen Weg. Zu diesem gehören auch der Service und die Küche. Kochen schien mir zu liegen, weil ich gerne im Team arbeite und anderen gerne eine gute Zeit ermögliche. Also fing ich dort einfach einmal an.

Aber warum gerade als Koch? Du hättest auch Kellner werden können.
Ich hatte einfach keine Motivation, zwei Jahre lang Teller tragen zu lernen. Das konnte ich ja schon.

Hattest Du eine besondere Affinität zum Kochen?
Ich habe zumindest immer schon gerne genüsslich gegessen.

Woher hast Du diese Neigung? Es gibt schließlich viele Jugendliche, die mit Essen eher simples Sattwerden verbinden als echte Gaumenfreuden.
Bei uns zu Hause gab es vier, fünf Mal die Woche gemeinsame Mahlzeiten. Das war immer schön. In unsere kleine Küche passte gerade noch ein Tisch, wir haben unser Essen vom Herd direkt auf den Tisch serviert. Es gab auch selbst gemachten Kuchen. Aber niemals hat jemand gesagt: Du musst jetzt dieses und jenes essen, weil es gesund ist.

Wer hat gekocht?
Jeder. Sogar mein Opa.

Wie hast Du Dich als Koch beworben?
Mein bester Freund kannte zufällig die Personalchefin vom Hotel InterContinental in Hamburg. Dieser Frau habe ich die einzige Bewerbung geschickt, die ich jemals geschrieben habe. Sie ist dann mit mir zum Küchenchef gegangen und der hat zugestimmt. Glück gehabt.

TIM MÄLZER

Bist Du ein Glückskind?

Quatsch. Glück reicht ja nicht, um gut zu werden. Heute liest du die großen Erfolgsgeschichten, aber selten steht da, wie viel Qual, Schweiß und Pein dazu gehört.

Das ärgert Dich?

Ich höre oft, was ich für ein Glück habe, im Fernsehen zu sein! Nun ja, es war ein harter Weg. Glück muss man sich erarbeiten.

Trotzdem: Pech sieht anders aus.

Du musst aber erst einmal dort angelangen und den durch das Fernsehen entstehenden Erwartungen gerecht werden! Wir sitzen hier in der Bullerei *(Tims Restaurant in Hamburg)*, hier arbeiten rund 100 Mitarbeiter, die geführt und bezahlt werden müssen! Wir haben hier mehr als 2,5 Millionen Euro investiert. Die musst du erst einmal aufbringen! Ich habe hier monatelang 16, 18 oder 20 Stunden täglich ohne Urlaub bis zur totalen Erschöpfung gearbeitet und dabei zwölf Kilo abgenommen. Sowas musst du erstmal durchhalten. Zum Glück ist es gutgegangen.

Zurück zu Deiner Kochlehre, die Du 1992 begonnen hast. Wie ist sie gelaufen?

Im ersten Jahr war ich schlecht, weil mir der strenge Ton in der Küche zuwider war. Da ist mir zu viel befohlen statt erklärt worden, was mich demotiviert und aufgebracht hat. Das Gras wächst ja nicht schneller, wenn man dran zieht. Mein Dickkopf bescherte mir viele unbeliebte Frühstücksdienste. Die Köche wollten mir erstmal Benimm beibringen. Nur Küchenchef Helmut Helwig war anders: fachlich sehr gut, empathisch und mit einem Auge für gute Leute ausgestattet.

Für solche wie Dich?

Ich hatte vielleicht die große Klappe, aber ich war wirklich fleißig und habe viele unbeliebte Aufgaben und Überstunden gemacht, ohne herumzujammern.

Erkläre mal die große Klappe.

Ich habe alles kommentiert.

Was kommentiert?

Zum Beispiel sollte ich mal Pistazien für eine Terrine halbieren. Ich dachte, die scherzen! In der Küche gibt es so Gags, da wirst du als Auszubildender losgeschickt, um die Erbsenspaltmaschine zu holen oder so. Die gibt es natürlich gar nicht. Aber meine Aufgabe war kein Scherz, die war ernst gemeint! Da habe ich den anderen Köchen gesagt, dass sowas absoluter Quatsch ist und ich so etwas nicht mache. Das geht auch anders.

Und dann?
Dann habe ich Strafurlaub bekommen, wurde sozusagen ausgesperrt. Ist öfters passiert. Drei Wochen später brauchte allerdings kein Azubi mehr Pistazien halbieren. Plötzlich ging's anders und alles lief einfacher.

Hast Du Dich in der Ausbildung ungerecht behandelt gefühlt?
Na ja, ich sag mal so: Auch ich hatte so einige schwachsinnige Ideen und hatte deshalb Verständnis, wenn die mich in der Küche manchmal nicht mehr sehen konnten. Der Küchenchef konnte aber auch über mich lachen. Einmal sagte er: „Junge, du bist wie ich früher." Später sind wir beste Freunde geworden. Leider ist er schon verstorben.

Was war so eine schwachsinnige Idee?
Ich hab mal Gemüseschnitzel im Wäschetrockner getrocknet, weil die Masse zu nass war. So bin ich nun mal. Ich mag die ungewöhnlichen Wege. *(Lacht)*

Trotz Gemüseschnitzel im Wäschetrockner bist Du im zweiten Lehrjahr „Bester Jungkoch 1994" geworden. Wie hast Du das hingekriegt?
Ich habe an Wettbewerben teilgenommen, weil ich dafür zum Beispiel schulfrei bekommen habe. Ich hatte schon genügend Einsen für die Lehre, weil mir die Inhalte leicht fielen – und geschwänzt hatte ich auch schon oft. Ein weiterer Vorteil von Kochwettbewerben ist, dass du dich da an Prüfungssituationen gewöhnst. Diese Dinge waren mir viel wichtiger als meine eigentliche Platzierung. Bei meinem ersten Wettbewerb bin ich Letzter geworden. Aber ich war der Einzige, der selbstständig gekocht hat, ohne die Vorgaben zu beachten.

Was hast Du gekocht?
Fischstäbchen mit Honigsoße und Kirschtomaten.

Die Jury hat ein anderes Gericht von Dir erwartet?
Ja. Na und? Natürlich haben sich die Prüfer echauffiert: Was das denn solle,

wie man so etwas nur machen könne und so weiter. Ich war untrainiert, zum ersten Mal bei einem Wettbewerb und musste souverän wirken! Ich dachte mir damals, zu machen, was Prüfer erwarten, ist eigentlich keine Kunst! Das trainierst du fünf Mal, dann kannst du es mit Glück und Verstand bis ans Ende deiner Tage. Das hat aber wenig mit dem Kochen als Ganzem zu tun, sondern ist lediglich Technik. Die Prüfer hingen meiner Meinung nach mit ihren Vorstellungen von kreativer Küche in den 70er- und 80er-Jahren fest.

Also beim ersten Mal warst Du Letzter. Aber 1994 hast Du gewonnen.
Richtig, im zweiten Lehrjahr habe ich den renommiertesten Nachwuchswettbewerb in Deutschland gewonnen – den Rudolf-Achenbach-Preis des Verbandes der Köche. Als ich in meiner Küche im InterContinental erzählte, beim Vorausscheid fürs Finale teilnehmen zu wollen, haben sich die anderen Köche fast totgelacht! Bis dahin hatte ich fast nur kalte Küche und Bratkartoffeln gemacht. Als ich später bei ihnen nachfragte, was ich beim Achenbach kochen könnte, haben sie natürlich noch lauter gelacht.

Auch Dein Förderer, der Küchenchef?
Nein, der war im Urlaub.

Du bist aber trotzdem zum Achenbach-Wettbewerb gegangen.
Ja. Schön war es nicht, wie ein Trottel losgeschickt zu werden. Aber was tut man nicht alles für schulfrei. *(Lacht)*

Hattest Du den Ehrgeiz, richtig gut zu sein?
Ging so. Fürs Gewinnen waren Atlantic- und Vier-Jahreszeiten-Schüler vorgesehen. *(Gemeint sind Kochschüler der Hotels Atlantic Kempinski und Vier Jahreszeiten.)* Die restlichen Teilnehmer bekamen immer alle den vierten Platz, damit es keinen letzten gab. Toll, oder? Klingt dicht am Dritten. Ich habe irgendwelche Currynudeln gekocht, mein Vorgehen gut erklärt, aber geschmacklich verrissen. Zum Finale nach Frankfurt durfte ich trotzdem.

Wofür, wenn Du geschmacklich verrissen hast?
Für Sauberkeit, Technik, souveränes Auftreten. Auch diese Kriterien zählen.

Der Geschmack war wirklich wurscht?
Keine Ahnung. Ich fand jedenfalls: Mein Essen schmeckte nicht.

Vielleicht hat es den Prüfern geschmeckt?
Kann sein, vielleicht hatten die aber nur einen schlechten Geschmack. *(Grinst wieder)* Na ja, Geschmack ist ja subjektiv. Wer weiß, was die an meinem Kochergebnis gut gefunden haben.

Wie lief es in Frankfurt?
Da traten top vorbereitete Azubis an, mit Messerkoffer und allem Schnickschnack. Meine Messer lagen in Tücher gewickelt in meiner Adidas-Tasche. Am Vorabend habe ich mich mit dem hessischen Teilnehmer aus dem Hotel geschlichen und in einem Club bis früh um Fünf gefeiert. Danach haben wir in der Hotellobby noch Billard gespielt. Wir haben die Ernsthaftigkeit des Wettbewerbs wohl mit unserer naiven und leicht großkotzigen Art verdrängt. Als die ersten Prüfer zum Frühstück gingen, staunten sie, weil wir „schon" wach waren. Von wegen! Als sie merkten, was Sache war, echauffierten sie sich und verbannten uns für den Wettbewerb in eine Seitenküche.

War das bedeutsam?
Das bedeutet, dass du keine Rolle spielst! Die Favoriten kochten in der Hauptküche, wo die Prüfer um sie herumtanzten. Immerhin hatten der Hesse und ich für unsere Aufgaben unsere Ruhe.

Das kann man Diskriminierung nennen.
Ganz klar, null Chancengleichheit. Ich habe trotzdem gewonnen. Wieder so ein Ding – den Achenbach hatte ich ja nur mitgekocht, weil ich Spaß wollte. Und plötzlich hole ich für alle und vor allem für mich unerwartet den „Pokal" nach Hause.

Was hat Dir der Sieg beim Achenbach-Kochwettbewerb gebracht?
Ich habe daraufhin Praktika während der Lehrausbildung in acht verschiedenen Hotelküchen in Hongkong absolviert. 1995 war das. Genial! In dieser fremden Welt habe ich zum ersten Mal die tollsten Gerichte und echte Vielfalt geschmeckt. Ich war ja nur Tomate-Mozzarella und Röstbraten am Katzentisch fürs Personal gewohnt. In Hongkong konnte ich mir zum ersten Mal vorstellen, dass mir Kochen als Beruf Spaß machen könnte.

Beschreib es genauer: Was hat sich in Dir verändert?
Na ja, ich mochte meinen Beruf schon, aber eben als Job. Wenn mir gesagt

wurde, ich solle dieses und jenes kochen, habe ich es gut gemacht, aber ohne Emotionen. Während der Praktika hat mich mein Job zum ersten Mal richtig berührt. Ich bekam einen völlig neuen Zugang zum Kochen.

Warst Du stolz auf Dich?
Sicher. Ich war ja deutscher Meister. Ich gewinne übrigens gerne – und feiere mich dafür auch mal ein bisschen ab. *(Grinst)*

Du warst stolz, obwohl Dir der Titel vorher egal war?
Als ich ihn hatte, fand ich ihn cool. Schon wegen der Köche im InterContinental, die mich ausgelacht hatten. Und weil ich den Titel im zweiten Lehrjahr geholt habe, obwohl er eigentlich für Leute im dritten Lehrjahr war.

Nach der Lehre, von 1995 bis 1997, warst Du in London. Hat Dich dieser Schritt ebenfalls geprägt?
Kann man so sagen. Es war schlimm! Ins Hotel Ritz bin ich in London gegangen, weil ich dachte, dort könnte ich alles lernen, was möglich war. Stattdessen hätte ich fast Schluss gemacht mit dem Beruf.

Was war passiert?
Strenge Hierarchien in Küchen kannte ich ja. Aber dort, im Ritz, wurden Köche verbal erniedrigt und sogar geschlagen. Einmal haben wir für die britische Königsfamilie gekocht, uns eine Woche lang nur dafür abgeschuftet. Keiner im Küchenteam hat gemosert, jeder wollte nur eines: Die Königsfamilie satt und zufrieden machen. Und wir haben es geschafft. Als die Königsfamilie weg war, wurden wir inklusive Küchenchef vom Küchendirektor zusammengerufen. Der war ein typischer *penpusher* mit Schlips und Kragen. Wir dachten natürlich, jetzt ein richtig großes Dankeschön-Bier zu bekommen, doch der Küchendirektor hat uns auf eine Art und Weise zur Schnecke gemacht, die man sich kaum vorstellen kann. Und das, als die Truppe total erschöpft und eigentlich glücklich war. Daraufhin brach unser Küchenchef vor unseren Augen zusammen. Wie ein Fötus lag er vor mir und hat einen Heulkrampf gekriegt. Am nächsten Tag habe ich meine Ritz-Karriere in die Tonne getreten. Ich habe denen gesagt, dass ich mich nicht beschimpfen lasse für einen Job, den ich richtig gut gemacht habe und ich nicht zuschauen kann, wenn andere erniedrigt werden. An diesem Tag wollte ich nie wieder kochen. Ähnliche Szenen hatte ich ja im InterContinental schon erlebt. Aber in London war es noch viel schlimmer.

Hast Du bei Gennaro dazugelernt?

Na klar. Vor allem, dass es um mehr geht als nur ums Rezept. Und dass ein Teller Suppe mit einem Glas Wein – in der Gruppe beim guten Gespräch genossen – ein großes Festmahl sein kann. Oder dass das Handwerk nicht perfekt sein muss, wenn du mit Lust und Leidenschaft kochst. Bei Gennaro war ich zum ersten Mal stolz auf meine Gerichte.

War er ein Vorbild für Dich?

Er ist es bis heute. Dieser Kerl! Ein richtiger Italiener. Gegelte Haare, behaarte Arme, kräftiger Körper, charmant zu den Damen. Er hat mir beigebracht, wie man als Koch auch Freude und Freunde in der Küche haben kann. Gennaro hat uns so viel gegeben! Wir haben wahnsinnig gerne für ihn gearbeitet. Sogar gelobt hat er uns. Positive Emotionen, das wurde mir bei Gennaro wieder klar, sind für mich unglaublich wichtig beim Kochen. Ich will kein reiner Techniker sein.

Brauchen junge Leute ein Vorbild?

Wichtiger sind Lehrer und Chefs, die fachlich gut, menschlich fair und aufmerksam sind. Sonst machen sie die jungen Leute kaputt.

1997 bist Du zu zurück nach Hamburg gezogen, hast in diversen Spitzenrestaurants unter anderem als Küchenchef gearbeitet und Dich 2002 selbstständig gemacht. Warum hast Du das riskiert, obwohl Du damals gerade der gut dotierte Geschäftsführer eines gehobenen Hamburger Restaurants warst?

Wie gesagt, Risiken blende ich in meinem naiven Idealismus gerne aus.

Was hat Dich geritten?

Ich hatte mich gelangweilt und unwohl gefühlt! Ich trug Anzüge, verteilte Visitenkarten und wusste ansonsten nicht wirklich, was ich da tat. Gekocht habe ich ja nicht mehr. In dieser Situation fragte mich ein Freund, ob ich mir einen eigenen Laden vorstellen könnte. Und da ich nicht wusste, für wen ich in Hamburg noch arbeiten sollte und irgendwie ziellos war, habe ich mit dem Freund ein Restaurant aufgemacht. Es hieß „das weisse haus".

Hast Du an Gehalt eingebüßt?

Und wie. Als Selbstständiger verdienst du doch erstmal kaum etwas. Aber wenn du einen richtig coolen Job willst, darfst du nicht nur aufs Geld schauen.

TIM MÄLZER

Für viele Leute ist ein Job nur cool, wenn er ihnen möglichst viel Geld bringt. Sie pokern um jeden Euro Gehalt, weil sie sich nicht unter Wert verkaufen wollen.

Ich habe mir immer angeguckt, was ich wirklich brauche. Dieses Minimum wollte ich erstmal verdienen. Als ich Ende der 1990er-Jahre anfing, bei Christian Rach im Tafelhaus zu kochen, wollte er mir nur 1.000 Mark im Monat zahlen. *(Das Tafelhaus war Rachs Sternerestaurant in Hamburg.)* Dabei war ich damals schon nicht mehr ganz unbekannt. Dieses Gehalt war selbst für mich zu wenig. Ich habe ihm zu verstehen gegeben, dass wir, wenn er meine, ich sei so wenig wert, in vier Wochen weiter diskutieren könnten. Dann habe ich ihm einen Monat lang gezeigt, was ich drauf habe, und am Ende hat er mir mehr Geld gegeben.

Von sich aus?

Ich musste schon nachfragen und mit meiner Qualität argumentieren.

Magst Du Geld?

Ich mag es, nicht vom Geld abhängig zu sein. Als ich mich 2002 mit besagtem Freund selbstständig gemacht habe, brauchte ich 1300 Mark pro Monat. Diese Summe, dachte ich, würde ich im „weissen haus" verdienen.

Wie habt Ihr die Selbstständigkeit angepackt?

Erstmal haben wir Schulden gemacht, um das Restaurant einzurichten. Dann bin ich in die Küche gegangen, mein Partner in den Service – und los ging's. Nach und nach kamen mehr Gäste, irgendwann hatten wir 12 oder 14 Mitarbeiter. Und dann kam das Fernsehen dazu.

Einfach so ...

Irgendwie schon. Soll ich erzählen?

Klar doch. Das Fernsehen ist heutzutage für viele Leute ein Karriereziel.

Also, ehrlich gesagt, kann ich nicht gut einfrieren. Ich bin sozusagen ein Frischekoch. Was ich koche, kommt auf den Tisch, sonst nirgendwohin. Und wenn es nicht gleich aufgegessen wird, dann eben am nächsten Tag. Ich friere höchst ungern etwas Gekochtes weg, weil darunter die Qualität leidet. Das bedeutet wiederum für mich, ich muss mehr Arbeit investieren, um den Qualitätsverlust zu kompensieren. Also eines Abends hatten wir im „weissen haus" eine Nullrunde ...

Was heißt Nullrunde?

An diesem Abend kamen nur sechs Gäste. Also im Prinzip null. Zwei von diesen sechs Gästen haben je einen Salat bestellt und eine Pasta, die sie sich teilen wollten. Da bin ich aus der Küche raus und habe den Jungs gesagt, dass ich in der Küche mit einer komplett vorbereiteten Speisekarte stehe. Und dass ich, wenn ich ihnen jetzt nichts Richtiges kochen dürfte, mich zu Tode langweilen würde. Außerdem müsste ich dann meine Küchenvorräte den Schweinen geben. Ich schlug also vor, dass ich koche, was sie wollen und sie bezahlen, was sie wollen. Am Ende gaben sie mir 50 Euro und ich fand die Idee geil. Danach haben im „weissen haus" alle Gäste selbst entschieden, was sie zahlen, wir haben nur noch die Getränke berechnet. So ist es halt bei mir. Neue Wege probieren, wie damals mit den Gemüseschnitzeln im Wäschetrockner.

Wie lief Euer Bezahle-was-du-willst-Konzept?

Es ging herum wie ein Lauffeuer, dass da so ein beknackter Koch wäre, der gutes Essen ohne Preise macht. Manche Gäste haben für 50 Euro gegessen und 10 Euro gegeben. Andere haben für 100 Euro reingehauen und 500 gegeben. Lustigerweise blieb der Schnitt immer gleich. Damals habe ich ein Verständnis dafür entwickelt, was Leuten ihr Essen wert ist und wie meine Art Gastronomie funktionieren kann.

Die Du wie beschreiben würdest?

Ich mag den Durchschnitt, den Mainstream, Normalität. Bei mir sollen sich alle wohl fühlen, nicht nur die Schampus-Trinker. Wir haben übrigens im „weissen haus" bald auch die Speisekarte abgeschafft. *Pay what you want* und keine Speisekarte! Nach üblichen Regeln habe ich alles falsch gemacht und damit alles richtig.

Du wolltest noch rauslassen, wie Du ins Fernsehen kamst.

Bei unserem Restaurantkonzept musste ich viel kommunizieren, nah am Gast sein, ihm genau zuhören, überraschend kochen. Mit Empathie! Dann saß zufällig mal ein Herr vom Fernsehen am Tisch, mit dem ich mich unterhalten habe und der mich dann fragte, ob ich Fernsehen machen möchte. Das war im Jahr 2003.

Und Du wähntest Dich am Ziel Deiner Träume?

Blödsinn. Ich sagte ihm, dass ich Koch-TV in Deutschland langweilig fand. Ich hatte schon bei einer Sendung von Jamie Oliver in London mitgekocht, der in England bereits durchgestartet war. Diese Sendung fand ich gut. Also habe ich gesagt, ich würde es ähnlich wie Jamie machen. Da haben die Fernsehleute erstmal abgewinkt, weil sie lieber das hierzulande Übliche wollten. Dann habe ich ihnen zu verstehen gegeben, es eben bleiben zu lassen. Da war ich konsequent, obwohl eine Mega-Option vor mir lag! Sechs Wochen später wollten sie es doch mal probieren. So kam der Job ins Rollen.

So cool warst Du, obwohl diese Mega-Option vor Dir lag? Hätte ja schiefgehen können.
Ich habe meine Überlegungen nicht überheblich oder arrogant vertreten, wie man es aus meinen Äußerungen hier schließen könnte. Es ist wirklich eher eine gewisse Naivität oder Unbefangenheit, die ich mir zu erhalten versuche, wenn ich Dinge entscheide. Diesen Wesenszug habe ich glücklicherweise sehr früh bei mir kultiviert. Damit bin ich bisher ganz gut klargekommen.

Ein eigenes Restaurant, Fernsehshows, Partys, Alkohol. 2006 bist Du dann fast gegen die Wand gefahren. Was war damals los mit Dir?
Burnout heißt das auf neudeutsch.

Was hat Dich aus der Spur geworfen?
Die Selbstständigkeit war ein riesiger Druck. Wenn du auf einmal zehn Angestellte hast und mit Zahlen umgehen musst, die du nicht verstehst, dazu die vielen Drehtage ... Es ging alles so rasend schnell. Aber am schlimmsten war, dass ich den Schutz der Anonymität verloren hatte. Ich war plötzlich öffentlich! Überall wurde ich beobachtet, angesprochen, eingenommen, mit Handykameras fotografiert. Ständig riefen Zeitungen an. Alles wurde öffentlich kommentiert: meine Hosengröße, meine Jackenfarben, meine Frisur, meine Zähne, meine Sprechweise, einfach alles. Wenn ich um Ruhe bat, hieß es, ich sei arrogant. Ich hatte das Gefühl, nicht mehr ich sein zu können, wollte aber gleichzeitig von den Leuten gemocht werden, wie ich bin. Dafür habe ich jede Einladung angenommen, jedes Interview gegeben und jede Medienstory mitgemacht, ohne wie früher in mich reinzuhören, ob ich so etwas wirklich will. Der Verlust der Privatsphäre hat mich regelrecht entmannt. In der Küche behielt ich noch die Kontrolle, draußen war es aus damit. Irgendwann kannst du nicht mehr. Am Tag meines Zusammenbruchs, als ich beim Drehen einfach umgefallen bin, hatte ich Selbstmordgedanken. Es war die härteste Zeit meines Lebens. Ich glaubte, ich müsse mir ein Loch in die Schädeldecke bohren, damit der Druck weggeht.

Dass das der Preis einer Promi-Karriere sein kann, ist bekannt.
Der typische Spruch! Aber wenn ich als Koch ins Restaurant und ins Fernsehen gehe, mache ich einen Job. Ich bin dort nicht der Privatmann!

Hast Du Dich verändert, nachdem Du wieder aufgestanden bist?
Heute weiß ich wieder, was ich will und gehe bewusst damit um. Außerdem mache ich ein bisschen Sport, esse regelmäßig und gehe abends manchmal schon um Zehn mit gelüfteter Bettwäsche ins Bett. Aber ich bleibe ein Extremist, ein bunter Vogel, ich arbeite weiterhin mal bis zum Umfallen, probiere verrückte Ideen aus, trinke gerne einen und teste lebensfroh meine Grenzen. Ich mag diesen Charakter und werde nicht gegen ihn ankämpfen.

Was sagst Du anderen bunten Vögeln, die heute dort stehen, wo Du vor 20 Jahren standest?
Ich kann nur sagen: Konsequente Entscheidungen sind besser als ein ständiges Hin und Her. Verhaspelt Euch nicht so, wie ich es vor dem Burnout getan habe; achtet darauf, was Euch ehrlich gut tut und handelt danach. Und wenn etwas schief läuft, jammert nicht herum, wie arm, doof oder alleine Ihr seid, sondern steht drüber, lernt aus Fehlern und macht's besser.

Tim, vielen Dank für das Gespräch.

1.3

WYBCKE MEIER

über unrealistische Erwartungen, heftige Arbeitswochen, einen fordernden Förderer, motivierende Verantwortung und praxisferne Studiengänge

Von der kleinen Insel in die weite Welt: Das begeisterte die auf Helgoland aufgewachsene Wybcke Meier (geboren 1968) bereits, als sie in Kinderjahren mit ihren Eltern in den Urlaub fuhr. Später, als junge Frau, machte sie sich alleine auf den Weg, landete zunächst als Reiseleiterin am Ballermann und lernte – wie es ihr erster beruflicher Förderer vorausgesagt hatte – „die Menschen" kennen. Auf ihrer nächsten Station, der Kanareninsel Lanzarote, erlebte sie auch mal die Schattenseiten des Jobs. „Ich bin nie wieder von Kunden so zusammengestaucht worden wie damals auf Lanzarote", sagt sie. Dabei hatte sie gehofft, die Lebensart des Südens genießen zu können.

Andere berufliche Erwartungen und nicht eben üppig bezahlte Sieben-Tage-Arbeitswochen sind für manchen jungen Menschen genug, um den Kopf in den Sand zu stecken. Aber aufgeben war für Wybcke Meier keine Option. Ihr Mut, sich (wohl überlegt) auf berufliches Neuland zu wagen, ihr Durchhaltevermögen und ihre Praxiserfahrungen sind drei von vielen Eigenschaften, mit denen sie sich ihre Berufswelt erschloss.

Während ihrer Ausbildung zur Reiseverkehrsfrau bei Fischer Reisen übernahm sie Tätigkeiten, die für Azubis ungewöhnlich sind. Nach der Lehre wurden ihre Aufgaben schnell immer anspruchsvoller. Binnen weniger Jahre entwickelte sie sich zur Vertriebs- und Marketingmanagerin mit Personal- und Budgetverantwortung. Ihre Spitzenpositionen bei den bekannten Reiseveranstaltern C&N Touristik, Öger Tours und Windrose Finest Travel erscheinen im Rückblick als logische Folge. Im Oktober 2014 wurde Wybcke Meier Vorsitzende der Geschäftsführung des Kreuzfahrtunternehmens TUI Cruises.

„Motivierte Praktiker", weiß sie aus fast 30 Jahren Berufserfahrung, „haben im Tourismus sehr gute Karrierechancen." Wie sie ihre Chancen bekam und was sie geleistet hat, um sie zu nutzen, erzählt Wybcke Meier im Interview.

WYBCKE MEIER

»Bei allem Willen und Optimismus habe ich immer einkalkuliert zu scheitern. Vorsorglich, um vorbereitet zu sein.«

Frau Meier, als Frau ein Unternehmen zu führen, ist in Deutschland ungewöhnlich. Noch ungewöhnlicher ist es, dass Sie es ohne Studium geschafft haben.
Wybcke Meier: In der Touristik gibt es viele Quereinsteiger und Nichtakademiker in Führungspositionen, vor allem solche, die es in jungen Jahren in diese Branche gezogen hat und die wie ich dabei geblieben sind. Dass viele Frauen in der Branche arbeiten, liegt vielleicht an der Leidenschaft fürs Reisen.

Was hat Sie in die Reisebranche gezogen?
Ich komme von Helgoland, wo ich mit dem Tourismus aufgewachsen bin. Reisen gehörten dort zum Alltag. Sei es durch Urlauber oder durch eigene Reisen mit der Familie. Letztere fanden nie im Sommer statt, sondern im Herbst. Nach der arbeitsreichen Sommersaison war es meinen Eltern wichtig, mit uns die Welt zu entdecken. Das hat mich von an Anfang an begeistert. Vielleicht wünschte ich mir aber auch, von der kleinen, begrenzten Insel in die große, weite Welt hinaus zu kommen.

Was haben Ihre Eltern beruflich gemacht?
Sie hatten eine Bäckerei auf Helgoland.

Wie ging es mit Ihnen nach der Schule weiter?
Nach dem Realschulabschluss auf der Insel, ich war 16 Jahre alt, ging ich nach Hamburg auf eine Höhere Handelsschule mit fremdsprachlicher Ausrichtung und habe dort mein Fachabitur gemacht.

Haben Ihre Eltern die Schule ausgesucht?
Es war meine Wahl. Ich hätte für die letzten Schuljahre auch zu meinen Großeltern nach Cuxhaven ziehen können. Die beiden waren bezaubernd. Aber von Helgoland nach Cuxhaven schien mir kein großer Sprung zu sein. Ich wollte in

die Stadt. Also bin ich nach Hamburg gezogen, ursprünglich mit dem Plan, nach dem Abschluss Sprachen zu studieren.

Was Sie dann aber gelassen haben.
Weil ich Václav Fischer kennengelernt habe, einen gebürtigen Tschechen, der 1978 nach Deutschland geflohen war und in den 80er-Jahren in Hamburg sein Unternehmen „Fischer Reisen" aufbaute. Er hatte ein kleines Büro mit ungefähr 20 Mitarbeitern im Univiertel, wo ich neben der Schule gejobbt habe. Fischer riet mir, nach dem Fachabitur als Reiseleiterin in die Branche zu schnuppern. Reiseleitung sei die beste Schule für eine gute Menschenkenntnis, sagte er. Danach sollte ich bei Fischer Reisen eine Ausbildung zur Reiseverkehrskauffrau machen. Und so zog ich im Jahr 1987 erstmal als Reiseleiterin los.

Ist Reiseleiterin ein Ausbildungsberuf?
Nicht wirklich. Hier muss man zwischen zwei Arten von Reiseleitern unterscheiden: Es gibt diejenigen, die für Reiseveranstalter Servicefunktionen übernehmen, und die staatlich Geprüften, die Touristen in Zielländern die Historie und die Sehenswürdigkeiten der jeweiligen Regionen näherbringen. Für Ersteres reichten eine Einarbeitung und kurze Schulung des Veranstalters – und der Rest kommt mit der Praxis, quasi *learning by doing*.

Mit Ihrem Fachabitur hätten Sie Tourismus studieren können.
Damals gab es erst wenige Studiengänge, Betriebswirtschaftslehre mit Schwerpunkt Touristik kam gerade erst in Mode. Zudem wollte ich mit 19 Jahren gerne raus in die Welt, um etwas zu erleben.

Der Anfang einer Berufslaufbahn ist oft entscheidend für den weiteren Karriereverlauf. Lassen Sie uns deshalb etwas länger über Ihre ersten Berufsjahre reden. Was haben Sie als Reiseleiterin erlebt?
Ich merkte ziemlich schnell, wie naiv meine romantische Vorstellung von dem Job war. Von den Reisen mit meinen Eltern hatte ich adrette junge Damen vor Augen, die mit einem Schild in der Hand entspannte Urlauber vom Flughafen abholten, zum Cocktailnachmittag ins Hotel kamen, nett lächelten und fragten, ob sie etwas tun könnten. Ich stellte mir vor, Reiseleiter hätten viel Zeit zum Relaxen und Feiern. Doch das Gegenteil ist der Fall, wie ich am eigenen Leibe erfahren musste. Reiseleiter ist ein Serviceberuf, der Einsatzbereitschaft rund um die Uhr erfordert. Außerdem waren zu der Zeit viele Kunden unterwegs, deren

Erwartung von Urlaub ein Stück Heimat im Ausland war. Nur die Sonne sollte scheinen, sonst bitte möglichst wenig anders als zu Hause sein. Reklamationen waren fast zum Hobby für Reisende geworden.

Wo gaben Sie Ihr adrettes Debüt in der Reiseleiter-Realität?

Auf Mallorca am Ballermann! Dort bekam ich zunächst einen echten Kulturschock. Es hat aber Spaß gemacht, weil ich neben dem Job schon auch Gelegenheit hatte, die schönen „Ecken" dieser Insel zu entdecken. Nach einem Sommer wechselte ich für die Wintersaison nach Lanzarote, wo ich die Schattenseiten des Jobs erleben durfte.

Obwohl auf den Kanarischen Inseln während des deutschen Winters die Sonne scheint?

Der Tourismus-Boom auf den Kanaren ging damals gerade erst los. Entsprechend herrschte rege Bautätigkeit. Und einige der Ferienanlagen, die wir bei Fischer Reisen im Programm hatten, waren folglich noch halbe Baustellen. Ich bekam es oft mit verärgerten Touristen zu tun, die mir einige heftige Sieben-Tage-Wochen bescherten. Ich bin nie wieder von Kunden so zusammengestaucht worden wie damals mit meinen 19 Jahren auf Lanzarote. Mitunter war es demütigend. Dann saß ich schon mal allein am Strand und fragte mich: Warum mache ich das überhaupt?

Und?

Aufgeben war für mich keine Option. Also hieß es: Zähne zusammenbeißen und weitermachen! Meine wenige Freizeit verbrachte ich mit meinen spanischen Kollegen, lernte Spanisch und stellte während der Arbeitszeit fest, dass Václav Fischer recht hatte: Man lernt die Menschen kennen.

Wie sind Sie mit Demütigungen umgegangen, wenn Sie Urlaubern gegenüberstanden?

Auf Menschen, die mich unfreundlich behandeln, reagiere ich zum Glück erst einmal ruhig und freundlich. Zumindest bis zu einer gewissen Grenze der Unverschämtheit. Das ist sicher Typsache. Auf Lanzarote fiel mir die Selbstkontrolle oft gar nicht so leicht. Deshalb war ich froh, eine erfahrenere Kollegin zu haben, die mich manchmal an die Hand nahm. Und ich paukte deutsches Reiserecht. Dieses Wissen bewirkte in so mancher schwierigen Situation Wunder. Ich habe außerdem gelernt, dass Ehrlichkeit oft am längsten währt. An der einen oder anderen Stelle war es angebracht einzugestehen, wenn wir als Unternehmen ein

Leistungsversprechen nicht voll gehalten haben. Aus heutiger Sicht war Lanzarote eine sehr wichtige und wertvolle Zeit.

Wie lange blieben Sie dort?

Nach insgesamt einem Dreivierteljahr als Reiseleiterin auf Mallorca und Lanzarote orderte mich Herr Fischer im März 1988 zurück nach Hamburg, weil ich meine Ausbildung zur Reiseverkehrskauffrau beginnen sollte.

Von der warmen Sonne in den kalten Regen. Wie haben Sie das verkraftet?

In Hamburg kommt schon auch mal die Sonne raus. Aber ernsthaft: Mir ging es nicht ums Wetter, sondern um meine Ausbildung. Ich hatte genügend über die Reiseleitung gelernt und wollte diese Erfahrung um eine fundierte kaufmännische Qualifikation ergänzen. Vielleicht sind hier meine Eltern „schuld", die mir eine qualifizierte Berufsausbildung ans Herz gelegt haben. Reiseverkehrskauffrau war damals ein angesagter Beruf.

Hat die Ausbildung Ihre Erwartungen erfüllt?

Sagen wir so: In einer zweijährigen Ausbildung wird viel vermittelt. Was man davon im Job braucht, hängt vom Einsatzbereich ab. Damals war die Ausbildung komplett auf den Produktverkauf im Reisebüro zugeschnitten. Ich aber habe für einen Veranstalter gearbeitet.

Wo ist der Unterschied?

Fischer Reisen hat alle Reisekomponenten vom Flugsessel bis zum Hotelbett kalkuliert, Programme und Kataloge gestaltet et cetera. Der Job war spezieller als die reine Reisevermittlung.

Wie lief die Ausbildung für Sie?

Ich lernte nur, was für Fischer Reisen und zwischendurch mal für eine Prüfung nötig war. Mittlerweile hatte Václav Fischer ein repräsentatives Büro am Hamburger Ballindamm und doppelt so viele Mitarbeiter wie ein Jahr zuvor, als ich nach Mallorca gegangen war. Diese Anfangsjahre bei Fischer Reisen waren toll: Wir haben extrem viel gearbeitet, hatten aber einen super *Start-up-Spirit*, tolles Teamwork und geschäftlichen Erfolg.

Wie war Václav Fischer zu seinen Auszubildenden?

Er hat uns gefordert, uns aber auch viele Freiheiten gelassen.

Was waren solche Freiheiten?
Zum Beispiel hat er nicht ständig hinter uns gestanden, um zu kontrollieren, dass wir ja alles richtig machten. Er hat darauf vertraut. Wir mussten auch nicht im dunkelblauen Kostüm im Büro erscheinen, wie es damals in traditionellen Reisebüros üblich war. Ich gehe bis heute oft in Jeans ins Büro. Außerdem hat Herr Fischer mich bereits während meiner Ausbildung zu Einkaufsreisen ins Ausland mitgenommen, damit ich Vertragsverhandlungen übersetze. Ich hatte also schon während der Ausbildung tiefere Einblicke in das Geschäft als viele Kollegen.

Wie haben Sie Ihre Berufsausbildung abgeschlossen?
Mehr schlecht als recht, mit einer Drei.

Ups. Sie waren doch die Überfliegerin!
Wie gesagt, ich lernte von den Ausbildungsinhalten nur, was ich für Fischer Reisen brauchte und um den Abschluss zu bekommen. Ich gebe zu, der Sommer in Hamburg war damals auch sehr schön, da habe ich es eben lockerer angehen lassen.

Heute schauen sich viele Personalverantwortliche Bewerber mit einem Dreier-Abschluss gar nicht erst an.
Schade. Manchmal steckt auch hinter einer Drei ein schlauer Kopf.

Was hat Fischer zu Ihrer Abschlussnote gesagt?
Seine Azubis sollten ihre Arbeit verlässlich machen und die Ausbildungsprüfung bestehen. Die Note interessierte ihn kaum. Und was meine Person betraf, wusste er ja: Ich konnte nicht für jede Klausur pauken, wenn ich ihn in die Dominikanische Republik oder auf die Kanaren begleiten sollte.

Wie ging es nach der Lehre für Sie weiter?
Danach arbeitete ich über ein Jahr als seine Assistentin. Dabei fiel mir auf, dass unsere Niederlassungen völlig verschiedene Anzeigen schalteten und schlug vor, Marketingmaßnahmen zu vereinheitlichen. Daraufhin übertrug er mir die Aufgabe, ein zentrales Marketing aufzubauen.

Wie alt waren Sie da?
23.

Wurden Sie von Ihren Kolleginnen und Kollegen als Führungskraft akzeptiert?
Führung war in dem Umfeld anfangs kaum nötig. Es ging im ersten Schritt um das Fachliche.

Hat kein Gockel mal gefragt, was das Hühnchen überhaupt will?
(Lacht) Innerhalb des Unternehmens gab es eigentlich keine Probleme, da die Belegschaft insgesamt relativ jung war.

Warum wurden Sie von Václav Fischer protegiert?
Darüber haben wir nie gesprochen.

Offensichtlich hatten Sie neben Sprachkenntnissen auch Ehrgeiz, Disziplin und eine außergewöhnliche Auffassungsgabe. Hat er Sie für Ihre Fähigkeiten gelobt?
Das war nicht nötig.

Viele Menschen benötigen Lob vom Chef, weil es ihnen Sicherheit gibt und sie motiviert.
Meine Aufgaben und gestalterischen Freiheiten waren mir Motivation genug. Er übertrug mir verantwortungsvolle Jobs. Damit zeigte er ja, was er von mir hielt.

Und studieren war immer noch keine Option?
Darüber hatte ich hin und wieder mal nachgedacht, weil es nun mehr touristische Studiengänge in Deutschland gab. Aber Herr Fischer meinte wieder, das sei unnötig, weil ich die Dinge, die ich bräuchte, um erfolgreich zu werden, bei Fischer Reisen lernen könne. Entsprechend habe ich mir das nötige Rüstzeug über berufsbegleitende Fortbildungen angeeignet. Als ich 26 war, bekam ich zum Marketing den Vertrieb hinzu. Ich sollte auch Verträge mit Reisebüroketten verhandeln. Da wurde es etwas rauer im Geschäft.

Woran denken Sie?
Zum Beispiel erschien ich einmal zu einem Verhandlungstermin mit dem Chef einer großen Reisebürokette, der in seinem Büro zu mir sagte, es sei ein Affront, dass Václav Fischer nicht selbst gekommen ist. Mit mir verhandle er jetzt nicht. Ende.

Und Sie? Eingeschüchtert?
Nein, dafür war ich schon ein paar Jahre zu alt. Ich habe es einfach nicht persönlich genommen. Das habe ich als Reiseleiterin wirklich lernen können.

Was haben Sie gemacht?

Ich habe mich freundlich verabschiedet und bin wieder nach Hamburg gefahren. Dort hat Václav Fischer den Herrn angerufen und ihm klar gemacht, er müsse sich mit mir auseinandersetzen, wenn er mit ihm Geschäfte machen wolle. Und siehe da: Fortan haben wir öfter miteinander verhandelt – hart, aber fair.

Was haben Sie daraus gelernt?

Man muss ruhig bleiben, selbst wenn einem jemand mit einer komplett negativen Grundeinstellung gegenübertritt. Denn das Blatt kann sich wenden und man trifft sich immer zwei Mal im Leben. Wie gesagt, diese Lektion hatte ich schon als Reiseleiterin gelernt. Neu war damals für mich, dass ich daran dachte, die Branche zu wechseln, weil Marketing- und Vertriebskompetenz überall gesucht wurde.

Dieser Gedanke kam Ihnen gerade jetzt, als Sie sich als Führungsperson in einem meist Akademikern vorbehaltenen Job etabliert hatten? Normal wäre gewesen, den Job mit aller Kraft festzuhalten.

Ich dachte, bei Fischer Reisen alles erreicht zu haben und war neugierig auf Werbeagenturen und Medienunternehmen. Die Zeitung „Die Woche" zum Beispiel suchte zu dem Zeitpunkt eine Marketingleitung. Diese Stelle hat mich gereizt, weil ich die Zeitung hervorragend fand. Hier hatte ich aber schon das Gefühl, ein fehlendes Studium könnte ein Manko sein.

Warum?

Weil alle Stellenanzeigen, die mich interessierten, eine akademische Ausbildung forderten. Und dann passierte etwas Einschneidendes: Herr Fischer wollte sein Unternehmen verkaufen. Plötzlich war keine Zeit mehr für Stellenanzeigen. Oder besser gesagt: Mir wurde die willkommene Ausrede geliefert, es gar nicht erst woanders zu versuchen. *(Lacht)* Denn ich bekam die Aufgabe, in der *Due Diligence* – so heißt die Risikoprüfung, bei der potenzielle Käufer die Stärken und Schwächen des Kaufobjekts bis ins kleinste Detail durchleuchten – die zu prüfenden Unterlagen vorzubereiten. Der Verkaufsprozess war aufregend und hochinteressant. Hinzu kam: Ich wusste, wer uns kauft: nämlich die Fluggesellschaft Condor, damals eine 100-prozentige Lufthansa-Tochter. Die Lufthansa galt als Top-Arbeitgeber in der deutschen Touristikbranche. Das hieß, wenn ich bei Fischer Reisen bliebe und durch den Unternehmensverkauf zu Condor käme, käme ich der Lufthansa näher. Also blieb ich.

Und Ihr Förderer, Herr Fischer?

Er hat von Anfang an gesagt, dass er Fischer Reisen nach dem Verkauf verlassen werde. Er war der typische Vollblut-Unternehmer, der unternehmerische Freiheiten, flache Hierarchien und kurze Entscheidungswege brauchte. Die gibt es in Konzernen naturgemäß weniger. Ich blieb an Bord und lernte, wie man zugekaufte Unternehmen geschäftlich zusammenführt, zumal Condor gerade auch andere Firmen übernahm und sich mit Neckermann Reisen zu C&N Touristik zusammenschloss. Es war wirklich spannend – und manchmal ernüchternd.

Zum Beispiel?

Ich ging mit großen Erwartungen zu Meetings. PowerPoint-Präsentationen kamen gerade in Mode. Da war die Inszenierung manchmal wichtiger als der Inhalt, wir haben viel Zeit in Sitzungen verbracht und wenige Entscheidungen getroffen. Von Fischer Reisen war ich wesentlich mehr Entscheidungsfreude und weniger Show gewohnt.

Was meinen Sie mit Inszenierung?

Wenn beispielsweise viele Menschen, einige davon komplett unvorbereitet, in Arbeitsgruppen kommen, viel reden, wenig sagen und dies mit geschickter Rhetorik überspielen. Damit hatte sich für mich die Konzernwelt zunächst mal entzaubert. Später habe ich die Zusammenhänge in großen Organisationen besser verstanden und extrem viel gelernt. Unter dem Strich waren meine Jahre im C&N-Konzern sehr intensiv und interessant.

Haben Sie sich als Nichtakademikerin minderbemittelt gefühlt?

Warum?

Weil viele Nichtakademiker und junge Akademiker von Arbeitereltern denken, sie könnten mit Sprösslingen aus Akademikerhaushalten nicht mithalten. Deshalb gibt es sogar Mentoren-Netzwerke.

Wie gesagt, es gibt viele Nichtakademiker unter den Führungskräften im Touristikbereich. Ich hatte großen Ehrgeiz und mich entsprechend stark engagiert, als es für mich darum ging, Fischer Reisen in die C&N Touristik zu überführen. Dies hatte aber weniger mit meinem Ausbildungsweg als vielmehr mit der anspruchsvollen Aufgabe zu tun.

Die Sie im Jahr 1996 gemeistert haben. Da waren Sie 27 Jahre jung. Woher nahmen Sie die Selbstsicherheit für solche Aufgaben?
Ich habe immer daran geglaubt, viel erreichen zu können, wenn ich mich engagiere. Und ich habe mir gesagt: Falls ich etwas doch nicht schaffe, versuche ich es eben woanders. Bei allem Willen und Optimismus habe ich immer einkalkuliert zu scheitern. Vorsorglich, um vorbereitet zu sein.

Für viele Menschen ist „scheitern" absolut negativ.
Wir sollten es positiv sehen, so lange es kein Dauerzustand wird.

Warum?
Man muss doch auch mal etwas vor die Wand fahren. Und sei es, um danach wieder drei Meter zurückzutreten und Anlauf für einen anderen Weg zu nehmen. Ein bisschen weh muss es tun, damit man seinen Weg hinterfragt.

Haben Sie Ihren Weg hinterfragt?
Immer wieder, zum Beispiel, als Fischer Reisen im C&N-Konzern mehr und mehr geschrumpft wurde. Diese Konsequenz war strategisch nachvollziehbar, aber für mich und die anderen „Fischer-Leute" unglaublich hart. Wir hatten diese Firma erst mit großer Leidenschaft aufgebaut – und dann bauten wir sie wieder ab. Ende der 1990er-Jahre hätte ich in die C&N-Zentrale nach Oberursel bei Frankfurt gehen sollen. Der Schritt wäre für eine Konzernkarriere ideal gewesen. Aber das hat mich nicht gereizt.

Oberursel ist halt nicht Hamburg, oder?
(Lacht) Im Herzen bin ich natürlich Nordlicht. Meine Hauptsorge war, nur noch PowerPoint-Präsentationen für Projekte vorzutragen, die dann doch verschoben werden. Ich wollte mich von den oft sehr politischen Entscheidungswegen lösen, hatte wieder Lust auf ein kleineres, schnelleres Unternehmen und war fasziniert vom Beginn der Transformation analoger Medien in digitale Formate. Damals begann das Internet, die Welt zu verändern. Zufällig erfuhr ich von einer Freundin von einem digitalen TV-Sender namens Home-Net, der gerade in Hamburg gegründet worden war und einen Reisesender im Programm hatte. Der hieß „Via 1 - Schöner Reisen". Nach zwei Gesprächen mit dem Chef war ich dort Marketing- und Vertriebsleiterin.

Sie haben Ihre Chancen im Management eines Großunternehmens und Ihr sicher sehr ordentliches Gehalt aufgegeben, um bei einem Internet-Start-up anzuheuern? Viele interpretieren so einen Schritt als Karriereknick.

Warum so negativ? Ich habe einfach das gemacht, was mir wichtig war. Bei C&N war meine Perspektive ohnehin unklar, weil dort wegen der Integration zugekaufter Reiseveranstalter und einer neuen Markenpolitik kaum ein Stein auf dem anderen blieb. Außerdem wollte ich wieder mehr operativ gestalten. Via 1 war eine super Gelegenheit, endlich etwas Neues zu wagen.

Die meisten Internet-Start-ups gehen schnell wieder Pleite.

Das muss man einkalkulieren. Aber ich war komplett unabhängig und hatte keine Verpflichtung für eine Familie. Da kann man solche Schritte natürlich leichter gehen. Allerdings habe ich meinen Werdegang nie sehr langfristig geplant und mir darüber Gedanken gemacht, wo ich vielleicht mit 30 oder 40 Lebensjahren stehen sollte.

Der mit einer Familiengründung zusammenhängende finanzielle Druck und ein neues Sicherheitsdenken halten viele junge Mütter und Väter davon ab, ein gutes Einkommen zu riskieren.

Ich hatte und habe auch heute keine Kinder. Dies war aber nie eine bewusste Entscheidung für die Karriere und gegen Familie, sondern hat ganz persönliche Gründe. Ich denke, dass die grundsätzliche Risikobereitschaft nicht zwingend mit der familiären Situation zu tun haben muss.

Wie lief es bei Via 1?

Anfangs war es ein bisschen wie bei Fischer Reisen: Der Gründer, ein paar Mitstreiter und die Interneteuphorie sorgten für Aufbruchstimmung. Allerdings hatte ich es dort fast ausschließlich mit Akademikern zu tun, von denen manche noch nie praktisch gearbeitet hatten. Fast jeder war Abteilungsleiter ohne Abteilung. Und wir lebten die meiste Zeit eine Arbeitskreismentalität.

Was verstehen Sie unter Arbeitskreismentalität?

Wieder viele Meetings, wenige Ergebnisse und kaum praktische Umsetzung. Ich bevorzuge weniger Meetings, mehr Ergebnisse, viel Umsetzung. Leider ging dem Sender im Dezember 2001 nach einem Jahr das Geld aus, weshalb ich mich wieder umsah.

Damals war die Reisebranche am Boden, weil die Terroranschläge in New York am 11. September 2001 die Weltwirtschaft zum Absturz gebracht hatten. Wer hat Ihnen in dieser Krise eine neue Chance geboten?

Vural Öger, der Gründer und Chef des Reiseveranstalters Öger Tours – ein ähnlicher Typ wie Václav Fischer. Ich weiß noch, wie wir an einem Montagmorgen einen Termin hatten, den ich fast abgesagt hätte, weil ich eigentlich nicht wieder zu einem Reiseveranstalter wollte. Ich fuhr trotzdem hin und erklärte ihm, dass ich unschlüssig wäre und ihm frühestens in zwei Wochen zu- oder absagen könnte, da ich noch Optionen im Bereich Neue Medien hätte.

Vural Öger war eine große Nummer in der deutschen Tourismusszene. Wie hat er reagiert, als Sie ihn quasi als Notlösung hernahmen? Normalerweise bekommt man so eine Eierei um die Ohren gehauen.

Damit hatte ich auch gerechnet. Doch Herr Öger hat mich total verblüfft. Er blieb gelassen und sagte, er würde sogar vier Wochen warten – und ich ganz bestimmt bei ihm landen. Da Via 1 kurz nach dem Gespräch Insolvenz anmeldete, ging ich tatsächlich als Marketing- und Vertriebsleiterin zu Öger Tours und blieb acht Jahre bis 2010. Danach wechselte ich als Geschäftsführerin zum Berliner Luxusreisen-Anbieter Windrose. Und im Herbst 2014 zog es mich nach viereinhalb Jahren in Berlin wieder nach Hamburg zurück. Hier wurde ich Vorsitzende der Geschäftsführung von TUI Cruises, einem Gemeinschaftsunternehmen des größten deutschen Reiseveranstalters TUI und der zweitgrößten Kreuzfahrtgesellschaft der Welt, der Royal Caribbean.

Vorhin haben Sie gesagt, Sie hätten nie geplant, wo Sie in einem bestimmten Lebensalter beruflich stehen wollten. Allerdings ist dies eine Standardfrage in Bewerbungs- und anderen Personalgesprächen.

Ich habe immer gesagt, ich denke im Hier und Jetzt und konzentriere mich auf die mir übertragene Aufgabe. Meiner Ansicht nach lohnt sich die Frage nach der langfristigen Perspektive erst, wenn ein Mitarbeiter eine Weile auf der ihm zunächst zugedachten Position gearbeitet hat. Erst dann wird sichtbar, wie er sich in der Praxis macht.

Führen Sie Bewerbungsgespräche anders als Akademiker?

Mag sein. Ich stelle vor allem praxisbezogene Fragen.

Was steckt dahinter?

Mit praxisbezogenen Fragen bekommt man viel über den Gesprächspartner heraus, weil er Antworten darauf nicht auswendig lernen kann. Wenn ich frage, wo jemand in zehn Jahren stehen will, bekomme ich sehr wahrscheinlich Musterantworten, von denen die Befragten glauben, dass ich sie gerne hören will. Ehrliche Antworten sind mir lieber.

Geben Sie anderen Nichtakademikern bewusst Chancen?

Wie viele andere Touristikunternehmen auch denken wir bei TUI Cruises selten in diesen Kategorien. Wir versuchen, die besten Leute für unsere Stellenprofile zu finden und schauen alle Bewerber, auch geeignete Nichtakademiker, unvoreingenommen an. Nochmal: Ich glaube, im Tourismus kann jeder kluge und motivierte Mitarbeiter Karriere machen. Motivierte Praktiker haben hier unabhängig von ihren Schulnoten sehr gute Karrierechancen. Allerdings muss man zu Beginn der Laufbahn auch mal zurückstecken. Zurzeit suchen zum Beispiel Reisebüros händeringend Nachwuchs, weil kaum noch jemand Lehrberufe erlernen möchte, die auf den Reiseverkauf zugeschnitten sind.

Der Grund dafür?

Viele junge Leute absolvieren heute lieber touristische Studiengänge. Und nach dem Studium halten sie sich für zu gut qualifiziert fürs Reisebüro. Dabei kann ein Reisebüro für jemanden mit Vertriebsaffinität und Interesse an Beratung, Kommunikation und Kundenverhalten ein attraktiver Karrierestart und ein attraktives Arbeitsumfeld sein.

Reisebüros bezahlen schlecht.

Wenn es schon von Anfang an vor allem ums Geld geht, sind Touristik und Hotellerie grundsätzlich weniger attraktiv. Gern würde ich aber noch etwas zur akademischen Ausbildung in der Touristikbranche sagen.

Bitte.

Heute kommen viele Touristiker mit unrealistischen Vorstellungen von den Fachhochschulen. Manche wollen schon mit Mitte 20 irgendwo im mittleren Management landen. Nur funktioniert das meist nicht, weil die Anzahl entsprechender Jobs sehr begrenzt ist. Ich höre auch oft, Studierende würden in Praktika überfordert sein. Da drängt sich der Gedanke auf, Touristik-Studiengängen fehlt der Praxisbezug. Ich plädiere hier für Offenheit und Flexibiltät. Für junge

Menschen, die in den Tourismus wollen, ist es sicher eine gute Basis, erst eine berufliche Ausbildung zu absolvieren und danach ein, zwei Jahre zu arbeiten, um dann vielleicht ein berufsbegleitendes Studium dranzuhängen. Viele Unternehmen unterstützen solche Bildungsmaßnahmen finanziell. Ähnliches gilt übrigens für die Hotellerie, wo ebenfalls viel weniger junge Leute arbeiten möchten als früher.

Es gibt unzählige Wege zum beruflichen Erfolg. Was ist aus Ihrer Sicht besonders wichtig, um einen dieser Wege zu finden?
Wer seine Chancen nutzen will, muss vor allem in der Lage zu sein, mal die Richtung zu wechseln. Starre Karrierevorstellungen schränken nur ein. Dies gilt für beruflich Qualifizierte und Akademiker gleichermaßen.

Ein Beispiel?
Wenn jemand mit Marketinghintergrund in einer Firma tatsächlich im Marketing landet und sich sehr schnell weiterentwickeln will, aber der Stuhl des Marketingdirektors wahrscheinlich auf Jahre besetzt ist, sollte er sich überlegen, den Bereich zu wechseln.

Und wenn für den neuen Bereich Fachwissen fehlt?
Oft lässt sich Fachwissen schnell aufbauen, wenn das Engagement stimmt. Ist diese Voraussetzung gegeben, entscheiden Soft Skills, ob der Quereinstieg gelingt. Soft Skills wie analytisches Denken, Kreativität, Kommunikationsgeschick und so weiter müssen zu den Anforderungen im neuen Job passen. Ich werbe dafür, manchmal über den Tellerrand zu schauen und Neues zu probieren – allein schon, um das eigene Wissen zu erweitern und Erfahrungen zu sammeln. Karriere ist mehr, als nur hierarchisch aufzusteigen.

Frau Meier, vielen Dank für das Gespräch.

1.4

GUIDO SCHMIDT
über elterliche Fürsorge, miese Schulnoten, schöne Handwerke, rentable Bruchbuden und schützendes Bauchgrummeln

Guido Schmidt, geboren im Jahr 1975 in Hoyerswerda, wurde, was er ist, in einer Stadt der Extreme: Hoyerswerda-Neustadt war eine sogenannte Arbeiterwohnstadt der DDR, eine in den 1950er-Jahren aus dem Lausitzer Acker gestampfte Plattenbausiedlung. Rund 70.000 Menschen lebten dort Ende der 1980er-Jahre, die meisten von ihnen vom 15 Kilometer entfernten Braunkohlekombinat Schwarze Pumpe.

Nach der Wiedervereinigung Deutschlands wurde Schwarze Pumpe fast vollständig abgewickelt und Hoyerswerda litt unter Arbeitslosenquoten von an die 30 Prozent. Im Jahr 1991 manifestierte die Stadt ihr schlechtes Image durch fremdenfeindliche Ausschreitungen. Damals hat Guido Schmidt die zehnte Schulklasse geschafft. Mit viel Mühe und ohne Freude.

Gewalt blieb in der Stadt ein Problem. „Die Schande der Republik hat einen Namen: Hoyerswerda.", schrieb das Magazin Der Spiegel 1994. Da begann Schmidt gerade, sich einen Namen als Fliesenleger zu machen, obwohl er offiziell gar keiner war.

Die Bevölkerungsflucht und ein rasanter Abriss von Plattenbauten ließen die New York Times 2002 titeln: „Germany's fastest shrinking city". Guido Schmidt war inzwischen 27 Jahre alt, seit drei Jahren selbstständig und sanierte sein erstes eigenes Mehrfamilienhaus.

Zeitweise stand Hoyerswerda im nationalen Zukunftsatlas des Marktforschungsinstituts Prognos auf dem letzten, dem 439. Platz unter den kreisfreien Städten und Landkreisen Deutschlands. Schmidt machte inmitten des damaligen Niedergangs seiner Stadt dennoch Karriere – als Kleinunternehmer am Bau. Klingt paradox? Wie er sich trotz widriger Bedingungen seinen beruflichen Aufstieg erarbeitet hat, erzählt er im Interview.

GUIDO SCHMIDT

»Ich konnte nur gewinnen. Mit dieser Einstellung bin ich beim Chef reinmarschiert.«

Guido, als langjähriger Freund darf ich Dich duzen. Worauf führst Du Deinen beruflichen Erfolg zurück?

Auf mein handwerkliches Geschick, auf eine gewisse Überzeugungskraft und auf Selbstsicherheit. Irgendwie habe ich mir schon in jungen Jahren zugetraut, mein Leben eines Tages selbst in die Hand zu nehmen, anstatt mich nur führen zu lassen.

Wann hast Du Dein handwerkliches Geschick entdeckt?

Wenn ich darauf zurückblicke, fällt mir immer zuerst mein Vater ein.

In welchem Zusammenhang?

Ich sehe den Garten meiner Eltern, wo mein Vater immer etwas gebaut oder gebastelt hat. Wie aus dem Nichts. Zu DDR-Zeiten gab es wenig Auswahl an Baumaterial, da musste er improvisieren. Das fand ich toll, die Freunde meiner Eltern genauso, und ich habe Sätze wie „Mensch Guido, dein Papa hat aber ganz schön was drauf." im Ohr.

Was hat er gebaut?

Einmal zum Beispiel einen ganz tollen Kamin aus Granitsteinen, die er irgendwo aufgesammelt hat. Die hat er schön zusammengemauert und ein paar Tage später haben es sich meine Eltern und ihre Freunde davor gemütlich gemacht und ein Feuerchen genossen. Mein Vater konnte wirklich aus allem, was er in die Hände gekriegt hat, etwas Schönes machen.

Bist Du stolz auf Deinen Vater gewesen?

Das bin ich heute noch. Auf jeden Fall hat mich sein Geschick angespornt.

Wozu?

Selbst etwas zu bauen. Mein Vater hat mir schon Hammer, Nägel und Bretter in die Hand gedrückt, als ich erst sieben, acht Jahre alt war. Es dauerte nicht lange und ich bin zum Beispiel auf einen Baum im Garten gekrochen, um mir ein schönes Baumhaus zu bauen. Meine Eltern haben mich dabei im Blick behalten, aber mich auf eigene Faust bauen lassen.

Du hast jetzt schon mehrfach „schön" gesagt. Was steckt da für Dich drin?
(*Überlegt*) Vielleicht sage ich dieses Wort öfter, weil mein Vater mit Liebe gebaut und gebastelt hat. Das macht er ja heute, 30 Jahre später, immer noch so. Mit Herzblut. Das ist doch was Schönes.

Was hat Dir früher mehr imponiert: die handwerkliche Leistung Deines Vaters oder die Anerkennung, die er dafür bekam?
Beides. Er hat mit seinen Händen etwas Bleibendes geschaffen und ist dafür gelobt worden. Gibt es was Schöneres?

Vorhin hast Du handwerkliches Geschick, Überzeugungskraft und Selbstsicherheit als Deine Erfolgsfaktoren genannt. Gibt's noch mehr?
(*Überlegt wieder*) Geduld. Ja, Geduld. Mich bringt halt so schnell nichts aus der Ruhe, auch wenn mal was nicht gleich klappt.

Was zum Beispiel?
Ich habe ja einige Häuser saniert und unzählige Bäder gefliest. Da klappt es zum Beispiel nicht immer sofort, Fliesen oder Gipskartonplatten an Dachschrägen maßgenau anzuschneiden und anzupassen. Ich habe so manchen Kollegen erlebt, der in so einer Situation erstmal ein paar Fliesen über die Baustelle geschmissen hat. Dabei kennt man solche Tücken als Handwerker eigentlich.

Du schmeißt also keine Fliesen durch die Gegend, wenn Du genervt bist?
Nee, zumal man falsch geschnittene Fliesen immer noch woanders verwenden kann. Übrigens: Wenn man von vorn herein zwei Versuche einplant, ärgert man sich über den ersten Fehlschnitt erst gar nicht. Manche Kollegen ärgern sich aber drei Stunden und verlieren dadurch die Lust an der Arbeit. Das passiert mir nie. Und meistens klappt es ja trotzdem beim ersten Mal.

Und wenns auch Dir beim ersten und zweiten Mal nicht gelingt?
Dann lasse ich die Sache zunächst liegen und erledige einfachere Arbeiten. Damit verschaffe ich mir Erfolgserlebnisse. Danach versuche ich es wieder mit der komplizierteren Arbeit. Ich sage mir immer: Es muss funktionieren, andere haben es auch geschafft.

Du willst es Dir und anderen zeigen?
Na klar. Ich will zeigen, dass man Schwieriges schaffen kann, wenn man ein bisschen dranbleibt.

Willst Du auch zeigen, dass Du zu den Besten in Deinem Fach gehörst?
Das ist mir wurscht. Mein Arbeitsergebnis soll das Beste sein, damit der Kunde zufrieden ist und mir neue Aufträge gibt.

Haben Deine Eltern Dich früher gelobt, wenn Du Deinem Vater nachgeeifert hast?
Das weiß ich nicht mehr genau. Woran ich mich erinnere ist, dass sie sich die Dinge, die ich gebastelt habe, immer genau angeschaut haben. So sah es für mich jedenfalls aus.

Gab es negative Aspekte an Deinen Talenten? In der Schule zum Beispiel. Warst Du verspielt?
Verspielt ist vielleicht das falsche Wort. Aber ich war halt immer ein Praktiker. Theorie hat mich als Schüler null interessiert. Eigentlich hat mich die ganze Schule nicht interessiert.

Sah man Dein Desinteresse an Deinen Noten?
Logisch. Die waren fast ausnahmslos schlecht. Ich habe einfach keinen Sinn darin gesehen, theoretischen Kram zu pauken. Dass ich als Handwerker ordentlich rechnen können muss, habe ich erst in meiner Berufsausbildung begriffen.

Wie waren Deine Mathe-Noten in der Schule?
In den Zeugnissen nie besser als Drei, manchmal Vier minus. *(Lacht)*

Da kann man schon mal als Dummkopf gelten.
Ja, ja, schon klar. Aber ich war nicht dumm, wie ich ab der Lehre bewiesen habe. Und was ich heute zusammenrechne, muss mir erstmal jemand nachmachen. Meiner Meinung nach waren meine schlechten Mathe-Zensuren das Ergebnis meines Desinteresses an abstrakten Formeln. Hätten Lehrer mir die Rechnerei praxisnäher erklärt, hätte ich vielleicht Einsen geschrieben.

Welches Bild hast Du von Deinen damaligen Lehrern?
Die meisten waren auf brave Schüler fokussiert, die sich viel gemeldet, viel gelernt und tolle Klassenarbeiten geschrieben haben. Ich habe nie für die Schule

gelernt. Und wenn ich eine Vier kassiert habe, war's mir egal. In den letzten drei, vier Jahren sind die Lehrer nicht mehr besonders gut mit mir umgegangen. So habe ich es zumindest empfunden. Irgendwann wurde ich, der ständig Versetzungsgefährdete, für alles verantwortlich gemacht, was in der Klasse schlecht lief. Da war ich irgendwie schon der Dumme.

Wann hast Du erstmals daran gedacht, Dein handwerkliches Geschick zum Beruf zu machen?
Meine Eltern haben mir kürzlich erzählt, dass ich schon mit zehn Jahren im Garten Bäume pflanzen wollte, um Holz zu haben, weil es Holz in der DDR kaum zu kaufen gab. Damals wollte ich Tischler werden. Die Richtung scheint also schon früh klar gewesen zu sein.

Hast Du mal über ein Studium nachgedacht?
Nein, nie. Ich weiß nicht mal, ob überhaupt jemand aus meiner Schulklasse studiert hat. Das wäre ja einfach gewesen nach der Wiedervereinigung. 1990 waren wir in der neunten Klasse und plötzlich war bildungsmäßig sehr viel möglich.

Gibt es Akademiker in Deiner Familie?
Wäre mir neu. Meine Eltern waren normale Arbeiter.

Als was haben sie gearbeitet?
Meine Mutter war in der DDR als Rechnungsbearbeiterin tätig und mein Vater war Elektromonteur. Beide arbeiteten bis zur Wende im Gaskombinat Schwarze Pumpe bei Hoyerswerda. Die Neustadt von Hoyerswerda war ja die sogenannte Arbeiterwohnstadt für das Kombinat. Nach der Wende schrumpfte es innerhalb kürzester Zeit von 13.000 Beschäftigten auf unter 5.000. Da sind auch meine Eltern ausgeschieden. Danach fuhr mein Vater noch fast 20 Jahre lang als Leiharbeiter nach Bayern auf Montage und meine Mutter arbeitete in verschiedenen Jobs, zum Beispiel als Verkäuferin. Es gab sicher viele Eltern, die mehr verdient haben, aber meine waren trotzdem zufrieden.

Viele Eltern legen ihren Kindern ein Studium nahe, damit die Kinder bessere berufliche Chancen haben.
Ach was. Ich war in der zehnten Klasse der drittschlechteste Schüler und ziemlich froh, als der Mist endlich vorbei war. Noch mehr Jahre die Schulbank drücken? Hätte ich nicht hingekriegt. Ich wollte arbeiten und Geld verdienen.

Wie ging es weiter für Dich?
Lass mich ich noch was aus der neunten Klasse erzählen.

Erzähle.
Ein paar Wochen nach der Wiedervereinigung las ich in der Zeitung, dass eine Großbäckerei in Hoyerswerda Lehrlinge mit Neunte-Klasse-Abschluss ausbildet. Da bin ich sofort hingerannt und wäre genommen worden. Um ein Haar wäre ich also Bäcker geworden! Großbäcker natürlich. *(Lacht)* Zum Glück habe ich mich doch noch für die zehnte Klasse aufgerafft.

Wie kam das?
Meine Eltern haben auf mich eingeredet und mich zu einem Arbeitsamtsberater geschleppt. Der hat dasselbe gesagt wie meine Eltern: Ich hätte viel mehr Möglichkeiten, wenn ich noch ein Jahr in die Schule ginge. Zum Glück habe ich darauf gehört.

Was wolltest Du mit Deinem ersten selbst verdienten Geld machen?
Ich glaube, ein neues Moped kaufen.

Wozu brauchtest Du ein Moped?
Um freier zu sein, mit der Clique Gas zu geben und – na ja, ich war 15 Jahre jung – den Mädchen zu imponieren. Ich wollte ganz sicher nicht der sein, der mit dem Fahrrad hinterher fährt.

Was bedeutet Geld heute für Dich?
Vor allem relative Sicherheit und Unabhängigkeit.

Hast Du den Weg dahin, also Deinen beruflichen Werdegang, geplant?
Der lief, wie er lief. Was mich wahrscheinlich beeinflusst hat, waren die krassen Entwicklungen einiger Freunde und Bekannter aus Hoyerswerda. Hier lag die Arbeitslosenquote jahrelang bei 25 Prozent und mehr. Alkohol, Drogen und Knast waren nach der Wende in Hoyerswerda leider normal. In diesen Strudel wollte ich niemals geraten.

1991 hast Du die Schule abgeschlossen. Und dann?
Ich habe eine dreijährige Maurerausbildung gemacht. Für den praktischen Teil hat die Berufsschule uns Lehrlinge in verschiedene Baubetriebe verteilt. Ich kam in

einen Betrieb, der ausschließlich Maurerarbeiten ausgeführt hat. Anfangs machte es mir dort Spaß, aber bald war es mir zu einseitig und mir hat das Schöne gefehlt. Ich dachte, vielleicht kannst du mehr und habe mich in einen Praktikumsbetrieb versetzen lassen, der mit drei, vier Angestellten verschiedene Gewerke in Wohnhäusern ausführte. Das war, glaube ich, gegen Ende des zweiten Lehrjahrs.

Wie lief es im neuen Betrieb?
Ich habe sofort voll reingehauen, um den Vorarbeiter zu überzeugen, mich richtig mitarbeiten zu lassen. Wer sich am Bau nicht engagiert, steht ewig am Mischer herum und kippt Sand, Zement und Wasser hinein. Ich dagegen habe nicht nur gemauert, sondern in diesem Lehrbetrieb auch meine ersten Fliesen verlegt. Damit habe ich mich wohlgefühlt. Es gibt ja wunderschöne Fliesen.

Am Mischer wäre es bequemer gewesen. Mauern und fliesen ist Knochenarbeit.
Die Knochen merkt man mit 18 Jahren noch nicht. Ich wusste von meinem Vater: Wenn ich selber etwas bauen kann, kann ich mehr erreichen als am Mischer. Deshalb wollte ich ein richtig Guter werden am Bau. In dem Betrieb waren zwei andere aus meiner Ausbildungsklasse, die standen immer am Mischer. Der eine hat mal zu mir gesagt: „Bei dem, was du machst, muss man ja nachdenken. Ich schalte mein Gehirn lieber aus." Wahnsinn, oder? Ich habe gedacht: In der Schule war ich der Drittschlechteste, jetzt bin ich einer der Besten – super! Das hat mir nach der Schulzeit gut getan.

Was gefällt Dir am Fliesenlegen außer den Fliesenmotiven noch?
Der Fliesenleger gestaltet Wände und Böden zu einem Endprodukt. Kreative Fliesenleger können, wenn der Bauherr sie lässt, richtige Kunstwerke schaffen. Manche Auftraggeber kommen zum Beispiel in ihr Bad, schauen die Wände an als wären es Gemälde, streichen mit ihren Händen darüber und sagen: „Mensch, das sieht ja schön aus, das haben Sie toll gemacht."

Machst Du anderen gern Freude?
Auf jeden Fall. Als ich im dritten Lehrjahr war, sagte mein Vater zu mir: „Komm, Junge, wir gehen Fliesen kaufen. Und dann fliest du unser Bad." Ich wohnte damals mit meinen Eltern im zehnten Stock eines Plattenbaus. Ungefähr drei Wochen lang habe ich dann jeden Tag, nachdem ich von der Ausbildung nach Hause gekommen war, unser Bad schön gemacht. Und mein Vater hat mich machen lassen, ohne mir reinzureden. So wie früher im Garten.

Jetzt warst Du stolz auf Dich?
Aber wie. Meine Eltern fanden das Bad toll und ihre Freunde auch. Da habe ich gewusst, wohin die Reise für mich geht. In Hoyerswerda gab es nach der Wende kaum gefliese Bäder und Küchen. Da klebte überall noch die alte DDR-Tapete, die keiner mehr wollte.

Wie hast Du Deine Maurerausbildung abgeschlossen?
In der Theorie war ich immer noch kein Weltmeister, aber in der praktischen Prüfung war ich in unter den besten drei Lehrlingen meiner Klasse. Nach der Lehre bin ich anderthalb Jahre als Maurer auf den Bau gegangen und habe Putz an die Wand geschmissen. Aber diese Tätigkeiten haben mir nicht gereicht. Deshalb habe ich mich 1996 bei einer Fliesenlegerfirma in Kamenz beworben. Kamenz ist ungefähr 25 Kilometer von Hoyerswerda entfernt.

Obwohl Du keinen Abschluss als Fliesenleger hattest?
Richtig. Ich habe den Chef überzeugt, dass ich es trotzdem kann.

Wie hast Du das hingekriegt?
Ich habe ihm erzählt, was ich schon alles gefliest hatte und ihm Referenzen genannt, die er gut fand. Und er gab mir Pluspunkte, weil ich auch mauern konnte. „Mensch", hat er gesagt, „ich brauche eigentlich einen Fliesenleger und einen Maurer und einen, der den Estrich machen, verputzen und Fenster einbauen kann!" All das konnte ich ihm bieten. Na gut, Fenster hatte ich bis dahin noch nie selbst eingebaut. Aber ich wusste, wie es geht, weil ich schon hundert Mal dabei zugeschaut hatte.

Dass das Bewerbungsgespräch so gut laufen würde, konntest Du vorher nicht wissen. Hattest Du Bammel vor dem Gespräch?
Warum? Ich konnte nur gewinnen. Mit dieser Einstellung bin ich beim Chef reinmarschiert.

Hätte er Dich abgelehnt, hättest Du verloren.
Das ist für mich kein Verlieren. Probieren geht über Studieren, sage ich immer.

Du bist in Hoyerswerda geblieben, obwohl die Stadt ein Symbol für schlimmste Wendefolgen wurde und junge Hoyerswerdaer in Massen gen Westen zogen. Was hat Dich damals in der Heimat gehalten?

Ich war drauf und dran, dem Trend zu folgen. Letztlich ließ ich es, weil ich in der Nähe meiner Eltern bleiben wollte und ich mir in der Stadt schon einen kleinen Namen als guter Handwerker gemacht hatte. Den guten Ruf wollte ich lieber ausbauen, als irgendwo wieder von vorne anzufangen.

Über Hoyerswerda schwebten Abrissbirnen. Hattest Du keine Angst, in der schrumpfenden Stadt Deinen Job zu verlieren?
Nein. Der Bau boomte trotzdem.

Wie denn?
Der Großteil der Hoyerswerdaer hat in den Plattenbauten der Neustadt gewohnt, der kleine Rest in der viel schöneren Altstadt. Nach der Wende wollten die meisten Neustädter raus aus den Platten und in neue Eigenheimsiedlungen oder in die Altstadt ziehen. Es gab trotz der sinkenden Einwohnerzahl 20 Jahre lang Neubau- und Sanierungsbedarf, sogar manche Plattenbauten wurden schick gemacht. Ich habe gemauert und gefliest wie verrückt!

Viele andere Jugendliche, die in der Stadt geblieben sind, waren trotzdem arbeitslos oder haben mehr gesoffen und gekifft als gearbeitet. Wie bist Du so diszipliniert geblieben?
Schwer zu sagen. Ich habe ja auch viele Nächte in Diskos verbracht. Nach manchmal nur ein, zwei Stunden Schlaf bin ich halt wieder auf die Baustelle gefahren.

Andere haben bis nachmittags weitergepennt. Warum Du nicht?
Wahrscheinlich hat mich doch das Geld getrieben. *(Lacht)* Wenn man Geld ausgeben will, muss man es verdienen. Andere haben halt ihren Eltern auf der Tasche gelegen.

Aber warum hast Du Deinen Eltern nicht auf der Tasche gelegen?
(Überlegt lange) Ich habe mich wirklich an jeder Arbeit erfreut, die ich gemacht habe. Ich bin einfach gerne auf Baustellen gegangen. Da habe ich schließlich etwas aufgebaut. Sicherlich hatte ich weiter ein bisschen Angst davor, in Hoyerswerda unterzugehen. Ich bin auch öfter als viele andere in meinem Alter zu Mutti und Vati gegangen. So ist es heute noch. Dort war es immer warm, also vom Herzen her, es gab immer schönes Essen und oft dachte ich bei diesen Besuchen: Mach bloß keinen Scheiß, das kannst du Mutti und Vati nicht antun.

Wie lange hast Du für den Fliesenlegerbetrieb gearbeitet?
Ungefähr anderthalb Jahre, bis 1997. Ich habe dort geschuftet wie ein Bulle und viele Überstunden gemacht.

Bezahlte?
Ich hatte mit meinem Chef einen Akkordlohn vereinbart, wurde also nicht pro Stunde, sondern nach Leistung bezahlt. Dadurch habe ich als Jungfacharbeiter fast doppelt so viel verdient wie ausgewachsene Kollegen auf Stundenlohnbasis.

Jetzt hattest Du schon viel eigenes Geld. Vorhin erzähltest Du von dem neuen Moped, das Du Dir kaufen wolltest. Hast Du es Dir endlich gegönnt?
Nee, doch nicht. Ich habe das Geld lieber gespart.

Wofür?
Für eine gewisse Sicherheit, falls es mal schlechter läuft für mich. Schon in der Lehre habe ich jeden Monat 50 Mark von meinem bisschen Lehrlingsgeld aufs Sparbuch getragen.

Du warst noch so jung, hättest auch später mit dem Sparen anfangen können.
Ach komm. 50 Mark, das sind heute 25 Euro – die kann jeder Lehrling auf die Seite legen.

Zurück nach Kamenz, in den Fliesenlegerbetrieb. Warum bist Du dort weg?
Weil ich zum Zivildienst musste. Mit 22 Jahren.

Wohin?
Auch dieses Thema wollte ich nicht fremdbestimmen lassen, sondern im Handwerk bleiben. Ich habe so lange in der Stadt herumgehorcht, bis mir jemand von einem gemeinnützigen Fitnessstudio erzählte, das einen Zivi mit handwerklicher Begabung brauchte. Dort bin ich tatsächlich gelandet.

Glück gehabt?
Ich finde, man muss für sein Glück schon was tun.

Was denn?
Ich bin halt mit breiter Brust ins Fitnessstudio rein und habe dem Chef alle meine Baustellen aufgezählt. Und genau wie mein Ex-Chef in Kamenz sagte der

im Fitnessstudio: „Mensch, das trifft sich! Wir wollen hier einen Neubau realisieren, da kannst du uns helfen!" So habe ich sogar im Zivildienst Fliesen gelegt. Und zwar richtig schöne Muster, zum Beispiel an der Fitnessstudio-Bar. Die Studiobesucher haben mir zeitweise dabei zugeschaut und gesagt: „Klasse, sieht ja top aus!" Da hockte ich nun und es wurde mir klar: Nach dem Zivildienst muss ich mich selbstständig machen.

Und?
Hab ich gemacht. 1999, da war ich 24. Zeitgleich habe ich eine zweijährige Fortbildung zum Fliesenlegermeister begonnen.

Parallel zur Firmengründung? Warum hast Du Dir den Stress angetan? Du konntest doch fliesen.
Ich hatte mittlerweile zwar mehr als drei Jahre als Fliesenleger gearbeitet, konnte mich aber nicht als Fliesenleger selbständig machen, weil mir der Meistertitel fehlte. Deshalb habe ich einen allgemeinen Baudienstleistungsbetrieb aufgemacht. Das ging ohne Meistertitel. Weil ich aber unbedingt mein Geld als selbstständiger Fliesenleger verdienen wollte, dafür war ich schließlich schon stadtbekannt, brauchte ich den Meistertitel.

Wie viel Zeit hat Dich die Qualifikation gekostet?
Für mich war sie eine Investition: Zwei Jahre lang ging ich jeden Freitag ab mittags und den ganzen Samstag zur Meisterschule. Dazu kam die Lernerei zu Hause.

Wie viel Geld hast Du investiert?
16.000 Mark plus Spritgeld nach Dresden, wo ein Jahr lang der Unterricht stattfand. Um die Summe zu finanzieren, habe ich bei der HWK, der Handwerkskammer, ein Meister-Bafög beantragt. Das heißt, ich habe ungefähr die Hälfte der Summe als Darlehen bekommen.

Viele Menschen scheuen die Selbstständigkeit wegen der Risiken. Wie ging es Dir diesbezüglich?
Über Risiken habe ich kaum nachgedacht. Ich dachte, du fliest mit Herzblut, bist kreativ, kannst arbeiten, reden und überzeugen. Bestimmt gibt es Leute, die ein, zwei nützliche Eigenschaften mehr haben, aber für meine Firma sollte es reichen. So sah es auch das Arbeitsamt und hat mich unterstützt.

Wie?

Ich konnte damals für sechs Monate Überbrückungsgeld beantragen. Heute heißt das Gründungszuschuss, glaube ich. Das war eine Menge Geld und ich brauchte nur ein Konzept dafür schreiben.

Mochtest Du so etwas?

Was jetzt? Geld oder Konzepte? *(Grinst)*

Konzepte schreiben.

Hätte ich sowas früher in der Schule machen sollen, hätte man mich jagen müssen. Inzwischen hat es mir aber Spaß gemacht. Das lag wahrscheinlich daran, dass das Konzept mit einem lohnenden Ziel, also hier mit dem Überbrückungsgeld, verbunden war.

Hast Du es alleine geschrieben?

Ja, aber vorher habe ich mich bei anderen Selbstständigen erkundigt, wie ich es am besten mache. Da sind wir wieder beim Fragen stellen, sich erkundigen, nichts dem Selbstlauf überlassen. Man muss aktiv ran an die Tomaten!

Was haben Deine Eltern gesagt?

Die haben sich Sorgen gemacht, die Selbstständigkeit könnte schiefgehen. Sie hätten mich lieber weiter als Angestellten in einem Betrieb gesehen. Als die Firma schnell besser als geplant lief, waren sie beruhigt.

Wenn Du heute auf die Förder- und Qualifizierungsmöglichkeiten schaust, die Du genutzt hast – was denkst Du darüber?

Ich kann nur froh darüber sein. Man muss sich halt ein bisschen schlau machen, damit man alle Möglichkeiten nutzen kann. Ich kenne so viele Leute, die sich über ihre berufliche Situation aufregen, aber noch nicht mal bei den Institutionen nach ihren Möglichkeiten gefragt haben. Die stehen ja nicht an der Straßenlaterne! Man muss hingehen, fragen, nachhaken, lesen. Wir leben in einem Staat, in dem man als Unternehmer ordentlich gefördert wird und viel Geld verdienen kann.

Wie bist Du an Deine ersten Aufträge gekommen?

Ich hatte einen Bekannten, zu dem ich aufgeschaut habe: der Autoteilehändler Jürgen „Otto" Grellmann. Er war als Unternehmer schon länger erfolgreich und wusste, worauf ich mich als Gründer eingelassen hatte. Er hat mich immer wieder bestärkt: „Du kannst das, Guido! Du packst es, Guido!" Und er hat mir viele Tipps gegeben, die ich angenommen habe. Er hat mich in seinem Unternehmer-Freundeskreis empfohlen und mir dadurch erste Kunden verschafft. Das war unglaublich wichtig. Dafür bin ich „Otto" Grellmann ewig dankbar.

Was finden Deine Kunden gut an Dir?
Jetzt soll ich mich selbst loben?

Das hast Du Dir verdient, oder?
Hm. Den allermeisten Kunden hat gefallen, wie kreativ ich gefliest habe. Manche waren richtig begeistert. Und ich sei zuverlässig, heißt es.

Was bedeutet Kreativität im Handwerk?
Ich fliese gerne schöne, aufwändige Muster oder baue ein bisschen raffiniert. Ich möchte immer eine Idee in meine Arbeit bringen, die meine Kunden noch Jahre später daran erinnert, dass *ich* ihr Handwerker für diese Arbeit war. Dafür muss ich allerdings meistens Überzeugungsarbeit leisten, denn viele Kunden kennen nur Nullachtfuffzehn.

Wie sieht Überzeugungsarbeit bei Dir aus?
Zum Beispiel habe ich in den ersten fünf, sechs Jahren viele meiner Fliesenarbeiten schön fotografiert, ordentlich in einem Ordner abgeheftet und den Leuten gezeigt. Manchmal brauchte ich zu den Bildern gar nichts mehr sagen, sondern hatte den Auftrag allein durch die Bilder in der Tasche.

Im zweiten Jahr der Selbständigkeit hast Du Dein erstes Mehrfamilienhaus in der Hoyerswerdaer Altstadt gekauft, um es zu sanieren.
Richtig, das war 2001. Ich habe es zusammen mit einem Bekannten gekauft. In der Altstadt standen auch zwölf Jahre nach der Wiedervereinigung überall Altbauten herum, die saniert werden wollten. Potenzielle Mieter gab es ebenfalls genug. Die meisten Neustädter, die in Hoyerswerda geblieben sind, wollten, wie gesagt, in die schöne Altstadt ziehen.

Wie viel Wohnfläche hatte Dein erstes Haus?
750 Quadratmeter in zehn Wohnungen auf drei Etagen, also eine ganz schön große Kiste. Es stand jahrelang fast leer und sah übel aus. Für diesen Kauf haben wir einiges Gelächter in der Stadt auf uns gezogen. So nach dem Motto: Die Hütte

fällt ja bald zusammen, das kann nur schief gehen. Aber wir haben die Dinge sauber durchfinanziert, gut mit unseren Lieferanten verhandelt und nach einem Jahr sah es aus wie neu und war voll vermietet. Wir haben geackert wie die Kaputten. Mit unseren Vätern übrigens.

Wann ist ein Sanierungsobjekt interessant für Dich?
In erster Linie muss ich mich einbringen können. Dafür brauche ich ein voll sanierungsbedürftiges Haus, das ruhig wie eine Bruchbude aussehen darf. Dann kann ich es gestalten, wie es mir gefällt. Ich bringe gerne schöne Details wie Wände mit Bögen, außergewöhnliche Lampenformationen und natürlich besondere Fliesen unter.

Und bezüglich der Finanzen?
Ich kalkuliere genau und realistisch. Daraus ergibt sich ein Kaufpreis, den ich zu zahlen bereit bin. Wenn es teurer wird, lehne ich das Sanierungsobjekt ab.

Man kann so eine Investition bewusst schön oder irrtümlich falsch rechnen.
Das wäre der erste Schritt in die Pleite. Man muss seiner Linie treu bleiben und sollte im Zweifel auf sein Bauchgrummeln hören.

Als Schüler warst Du ein Mathe-Depp. Wie kam es, dass Du inzwischen doch rechnen konntest?
Rechnen in der Schule ist ja was anderes als in der Praxis.

Wo ist der Unterschied?
In der Praxis rechne ich meistens mit Gegenständen, die ich mir vorstellen, die ich fassen kann. Wenn ich weiß, dass eine Tür 200 Euro kostet, weiß ich die Summe für 50 Türen ruckzuck. Vielleicht wäre ich in der Schule ein Mathe-Ass geworden, wenn wir mit Türen, Fenstern und Steinen gerechnet hätten. Finanzierungsrechnungen mit verschiedenen Zinshöhen, Zinsbindungen und Tilgungsparametern überschlage ich ebenfalls längst im Kopf.

Blickst Du bei den Finanzierungen wirklich durch? Viele Kreditnehmer verlassen sich da lieber auf Berater.
Ich blicke voll durch und weiß genau, für welches Haus ich welche Kredite aufgenommen habe, wie hoch die Zinsen sind, wie viel Geld ich noch bis zu welchem Jahr abzahlen muss, wie hoch die Monatsraten und natürlich die Mieteinnahmen sind.

GUIDO SCHMIDT

Über Kredite verhandelst Du in der Regel mit akademisch ausgebildeten Bankern. Auf Augenhöhe?

Ich sitze da sicher nicht wie ein Bettler, sondern versuche, die Banker in meinen Bann zu ziehen. Bei jedem Objekt, das ich sanieren wollte, habe ich den Bankern detailliert erzählt, wie schön dieses Haus mit ihrem Geld wird. Manchmal habe ich sie sogar eingeladen, sich vor Ort ein Bild zu machen. Dann sind sie begeistert mit mir durch den Baustellendreck gelatscht.

Es geht also um mehr als nur um Zahlen?

Auf jeden Fall. Banker brauchen ein Gefühl dafür, ob der Unternehmer weiß, was er will und ob er erfolgreich sein kann. Das hat viel mit Vertrauen zu tun.

Kennst Du viele Akademiker?

Da kommen einige zusammen.

Siehst Du Unterschiede zwischen Akademikern und Dir?

Also für mich gibt's da keinen Unterschied. Jeder geht halt seinen Weg.

Seit Jahren steigt die Zahl der Studienanfänger in Deutschland deutlich. Was hältst Du davon?

Was ich von diesem Trend mitkriege ist, dass in meiner Region immer weniger Handwerker und Dienstleister nachrücken. Kaum jemand will noch Maurer, Fliesenleger oder Altenpfleger werden. Also Berufe, die wir wirklich brauchen, will fast keiner mehr anfassen. Eltern sollten versuchen, ihre Kinder in solche Berufe zu leiten, wenn sie passende Neigungen bei ihren Kindern entdecken.

So handelst Du selbst?

Meine Kinder sind noch klein und ich gehe hoffentlich so mit ihnen um, wie meine Mutter und mein Vater es mit mir getan haben. Kinder sollten sich und ihre Neigungen selbst entdecken. Diese Freiheit und ein bisschen Elternliebe sollten eigentlich reichen, um sie auf den richtigen Weg zu schicken – gerne als gute Handwerker.

Wie viele Häuser besitzt Du inzwischen?

Ende 2014 waren es fünf Mehrfamilienhäuser mit insgesamt 36 Wohnungen. Hinzu kommt die Immobilie, in der ich mit meiner Familie wohne. Nach dem ersten Haus habe ich alle Objekte alleine saniert, also ohne Geschäftspartner.

Du erklärst Dein Geschäft ziemlich relaxt. Gibts auch mal Stress?

Heute bin ich entspannt, weil ich seit drei, vier Jahren etwas kürzer trete als die zwölf Jahre davor. 2011 habe ich meine größte und schwierigste Sanierung gemacht: eine wunderschöne Villa mit 1.000 Quadratmeter Wohnfläche und zwölf Wohnungen am Bahnhofsvorplatz von Hoyerswerda. Die hat mich allerdings an meine Grenzen gebracht.

Was genau hat Dich an Deine Grenzen gebracht?

Der Behördenwahnsinn rund um den Denkmalschutz. Dafür könnte ich hundert Beispiele nennen. Die Bürokratie um das Haus und die terminlichen und finanziellen Konsequenzen daraus haben mich fast zermürbt. Wahrscheinlich war ich kurz vor dem Burnout. Seither verwalte ich meine Mietshäuser nur noch und bin vor allem Familienvater. Ich glaube, es war gut, die jungen Jahre zwischen 20 und 35 mit all ihrer Power zu nutzen, um die Basis für die Zeit danach zu legen. Man darf sich halt nicht zu sehr ablenken lassen.

Stichwort Bürokratie: Hast Du eine Bürokraft gehabt?

Meine mittlerweile mehr als 15-jährige Selbstständigkeit habe ich immer ohne Sekretärin geschafft. Jede Anschaffung, jede Überweisung, jeden Behördenvorgang habe ich eigenhändig erledigt. Ich wusste immer, was läuft und was ich mir leisten kann. Das war und ist mir sehr wichtig.

Hast Du in Deiner Karriere mal etwas bereut?

In den Jahren 2003 bis 2009 habe ich neben dem Bau- und dem Vermietungsgeschäft ein Café betrieben. Letzteres war eindeutig zu viel.

Warum hast Du ein Café betrieben?

Meine Mutter arbeitete dort und der Besitzer wollte es verkaufen. Ich habe es übernommen – vor allem, um meiner Mutter den Job zu sichern. Leider musste ich sehr viel Zeit ins Café investieren. Darunter litt ab und zu mein Hauptgeschäft.

Deine Lehren daraus?

Wenn man etwas gefunden hat, was man richtig gut kann, sollte man sich voll darauf konzentrieren. Ansonsten besteht die Gefahr, dass man nur halbe Sachen macht.

Guido, vielen Dank für das Gespräch.

1.5

CHRISTIAN STANG
über positiven Stress, gewinnende Wortwahl, zweifelhafte Fremdbestimmung, aufholbare Defizite und Sprache als Handwerkszeug

Prof. Dr. Christian Stang. Hätte es heißen können. Vielleicht. Doch Christian Stang, geboren 1975 in Regensburg, entschied sich sicherheitshalber für eine Berufsausbildung. Im Jahr 1993 wurde er Postassistent zur Anstellung, später Postsekretär, danach Postobersekretär und Posthauptsekretär. Fast zwei Jahrzehnte lang leistete er Schalterdienst und ging nebenbei einer Leidenschaft nach, die seinen Eltern, wie er sagt, „heute noch schleierhaft ist": der Leidenschaft für die deutsche Sprache.

Mittlerweile ist der Realschulabgänger mit sogenannter mittlerer Reife ein geachteter Kollege von Professoren und Doktoren – als Dozent und Orthografieberater am Zentrum für Sprache und Kommunikation der Universität Regensburg.

Auch Verlage schätzen ihn. Davon zeugen die mittlerweile mehr als 20 Deutschbücher, die er für renommierte Häuser wie Duden und Langenscheidt verfasst hat. Stang darf sogar orthografische Empfehlungen für das Papst-Institut aussprechen. Dabei war Karriere niemals sein Ziel. Und doch fühlt er sich angekommen. Wie es geklappt hat, verrät er im Interview.

CHRISTIAN STANG

» Ich habe gelernt: Wenn ich Verantwortung übernehme, Haltung bewahre und ehrlich bleibe, läuft es gut für mich.«

Herr Stang, als Deutsch-Ass haben Sie sich in der Fachwelt einiges Renommee erworben. Welchen Eigenschaften haben Sie das zu verdanken?
Christian Stang: Die deutsche Sprache macht mir einfach wahnsinnig viel Spaß. Das ist, glaube ich, die Grundvoraussetzung, um richtig gut darin zu sein. Hinzu kommen Zielstrebigkeit und Fleiß, also der Wille, auch mal mehr als 100 Prozent bei der Arbeit zu geben.

Was bedeutet „mehr als 100 Prozent"? Dass Sie, wie im Jahr 2014, zusätzlich zu Ihrer Dozententätigkeit an der Uni Regensburg an fünf Deutschbüchern gleichzeitig schreiben?
Zugegeben, das war recht viel. In solchen Phasen arbeite ich 15 bis 18 Stunden pro Tag und gehe um zwei, drei Uhr morgens schlafen. Um sieben Uhr muss ich wieder raus. Solch ein Pensum merke ich freitags natürlich. Irgendwann hält der Körper mit dem Geist nicht mehr mit. Dann muss man sich ausruhen.

Klingt nach nächtelangem Stress. Wie kann sowas Spaß machen?
Für mich ist das positiver Stress, sonst würde es kaum funktionieren. Wenn ich ein großes Pensum geschafft habe, freue ich mich, gute Ergebnisse zu sehen, und gehe zufrieden ins Bett. Und irgendwann, ein paar Monate später, halte ich ein Buch in der Hand. Herrlich!

Was finden Sie herrlich an einem Buch?
Schreiben ist wie ein Handwerk für mich. Die Bücher sind meine Gesellenstücke: Produkte, die man anfassen kann, die Menschen benutzen. Und ich habe es trotz aller Mühen wieder geschafft, sie herzustellen.

Viele Menschen packen so viel Arbeit gar nicht erst an, weil sie fürchten, dass sie ihnen über den Kopf wächst. Kennen Sie dieses Gefühl?
Oh ja. Deshalb setze ich mir immer auch kleine Ziele für einen Tag oder eine Woche. Ansonsten sähe der Berg so groß aus, dass ich dächte: Den werde ich

niemals erklimmen. Dann würde ich gar nicht erst anfangen. Zum Glück bin ich von Hause aus gut organisiert, der Typ Listenschreiber und Abarbeiter. So war ich schon als Grundschüler, habe immer gleich nach der Schule ordentlich die Hausaufgaben gemacht, damit sie abgeschlossen waren. Diese Neigung habe ich wohl von meinen Eltern.

Ordnung ist das halbe Leben?
Für mich gilt das ganz bestimmt. Ich mag es aufgeräumt. Das gilt für mein Zuhause, für mein Büro und für meine Sprache.

Sie sprachen Ihre Grundschulzeit an: Hat sich damals schon angedeutet, dass Sie später ein gefragter Deutsch-Experte werden könnten?
Ab der dritten Klasse war ich sehr gut in Deutsch. Zwischendurch wurde es immer mal schlechter, vor allem, wenn es im Unterricht weniger um Rechtschreibung als um inhaltliche Erörterungen ging.

Konnten Sie es ertragen, wenn dann andere besser in Deutsch waren als Sie?
Manchmal hatte ich daran zu knabbern, aber ich konnte mich zum Glück trotzdem für die Sprache begeistern. Ab der vierten, fünften Klasse wollte ich mehr darüber wissen. Sprache ist ja etwas, das wir täglich benutzen und sehr viel bewirkt. Ich habe mich schon früh gefragt, was für ein System dahintersteckt und wie unsere Sprache aufgebaut ist. Um es herauszufinden, habe ich mir irgendwann in der vierten Klasse ein Grammatikbuch gekauft – und erstmal kein Wort verstanden.

Ein Grammatikbuch? Als Viertklässler? Freiwillig?
Komisch, oder? Da spielte wahrscheinlich meine Deutschlehrerin eine große Rolle. Ich hatte glücklicherweise eine, die manchmal sagte: „Christian, wenn dich das Thema interessiert, habe ich noch ein paar Materialien für dich." Oder sie rief, wenn ich in die Klasse kam: „Da kommt ja unser Grammatik-Ass!" Sie hat mein Interesse erkannt und gefördert. Das war ganz wichtig, glaube ich.

Wurden Sie auch von Ihren Eltern gefördert?
Aktiv weniger, würde ich sagen. Es ist ihnen bis heute schleierhaft, wie man sich für Orthografie und Grammatik so sehr begeistern kann. *(Lacht)* Aber sie haben mich behütet aufwachsen und meinem Interesse nachgehen lassen. Sie waren liebevoll. Und soweit ich es beurteilen kann, ist das für das Selbstwertge-

fühl eines Kindes noch wichtiger als aktive Förderung einer Begabung. So sehe ich es zumindest im Rückblick.

Welchen Berufen gingen Ihre Eltern nach?
Vater arbeitete als Schlosser, Mutter als Apothekenhelferin.

Sind Ihre Eltern stolz darauf, dass Sie Universitätsdozent geworden sind, obwohl Ihnen dafür die eigentlich nötigen Zugangsvoraussetzungen fehlen?
Manchmal bin ich deswegen in den Medien. Wenn meine Mutter das merkt, sagt sie schon mal: „Junge, du warst doch wieder in der Zeitung!" Dann sieht sie stolz aus. Oder wenn ich ihr erzähle, dass ich wieder orthografische Zweifelsfälle für das Papst-Benedikt-Institut in Regensburg geklärt habe, das die Texte des Joseph Ratzinger herausgibt.

Ein Zeitungsartikel über Sie war mit der Zeile „Sprachpapst hat nicht einmal Abitur" überschrieben. Gefällt Ihnen oder ärgert Sie so eine Zeile?
Wenn jemand meint, ein fehlendes Abitur muss unbedingt gleich in der Überschrift erwähnt werden, nehme ich es als Alleinstellungsmerkmal. Sensibler bin ich beim Begriff Sprachpapst: Der klingt, als wäre ich unfehlbar. Aber das bin ich nicht. Auch ich schaue ab und zu in Wörterbücher, wenn es um komplizierte Fragen geht.

Haben Sie Angst davor, Fehler zu machen?
Nein. Fehler gilt es zwar zu vermeiden. Aber wenn sie passieren, muss man dazu stehen. Es gibt ein Buch mit dem Titel „Wer einen Rechtschreibfehler findet, darf ihn behalten". Das ist mein Motto. Mein Gott, ich bin ja keine Maschine.

Wann haben Sie sich erstmals damit befasst, was beruflich aus Ihnen werden soll?
Mit ungefähr 15 Jahren, also als Neuntklässler in der Realschule. Ich finde das übrigens viel zu früh.

Aus welchem Grund?
Die Berufswahl – und noch viel früher die Wahl der Schulart – entscheidet bei vielen Menschen über ihr ganzes Leben. Und vor allem Haupt- und Realschüler hängen oft in Wegen fest, die sie zu früh einschlagen mussten.

Warum „zu früh"?
Ich bezweifle, dass ein zehnjähriges Kind imstande ist zu verstehen, warum

ein Abitur wichtig sein soll. In diesem Alter rufen ja viele Kinder längst nicht ihr wahres Leistungsvermögen ab – reifebedingt oder weil sie unter äußeren Einflüssen leiden. Und dann heißt es hopp oder top: Gymnasium, Haupt- oder Realschule. Und wer ist später mit 15 Jahren schon reif für eine Entscheidung solcher Tragweite wie für oder gegen das Abitur, wenn er keine Ahnung davon hat, was außerhalb der Schule abläuft? Letztlich bestimmen dann Lehrer und Eltern. Aber ob die immer wissen, was gut für ein Kind ist?

Warum sind Sie zur Realschule gegangen? Via Gymnasium wären Sie wahrscheinlich schon mit 18 Jahren statt erst – im Jahr 2011 – mit 36 Jahren an der Uni gelandet.

Meine Eltern haben beide eine Berufsausbildung gemacht und diesen Weg auch für mich vorgesehen. Dafür brauchte ich die mittlere Reife. Als ich mich orientieren musste, meinten sie, ich soll bei einer Behörde lernen. Damals hatte ich bereits Praktika bei Buchverlagen absolviert, von denen mich einer zum Bürokaufmann ausbilden wollte. Doch dann kam die Zusage von der Deutschen Bundespost und meine Eltern sagten: Geh dorthin, nimm die klassische Beamtenlaufbahn, sie ist die Absicherung gegen Arbeitslosigkeit schlechthin. Damit war die Entscheidung gefallen.

Welchen Beruf haben Sie bei der Deutschen Post gelernt?

Postassistentanwärter.

Puh. Sie als angehender Deutsch-Experte?

Davon ahnte ja damals noch niemand etwas. Postassistentanwärter war die klassische Ausbildung für den Schalter, wo es Briefmarken gibt, Päckchen angenommen werden und so weiter.

Es muss Ihnen gegraut haben angesichts dieser Berufsbezeichnung.

Nein, nein. Ich mag dieses Beamtendeutsch zwar nicht. Aber so hieß die Ausbildung nun mal. Im Bewerbungsgespräch habe ich mich auf die Zeit nach der Ausbildung konzentriert, also was mich erwartet, wenn ich ausgelernt habe: Wird man bei der Post gefördert? Oder muss man ein Leben lang hinter dem Schalter stehen?

Und?

Man muss es natürlich nicht. Jetzt einmal grundsätzlich: Solche Jobs sind mit unglaublichen Vorurteilen behaftet. Dagegen kämpfe ich immer wieder an.

Viele Außenstehende denken, da stehen diese Postler am Schalter herum, denen nichts Spaß macht, die sich selbst nicht leiden können und nur Briefmarken verkaufen. Das Gegenteil ist der Fall: Es gibt viele engagierte Schaltermitarbeiter mit umfangreichen Aufgaben. Spätestens, als die Post in den 1990er-Jahren privatisiert wurde, hat sich vieles geändert.

Wie haben die Post-Personaler im Bewerbungsgespräch auf Ihre Fragen nach der Zukunft reagiert?

Als ich den Ausbildungsplatz bekam, wurde mir gesagt, mein großes Zukunftsinteresse sei stark mitentscheidend dafür gewesen, dass ich angenommen wurde. Die fanden meine Wissbegierde gut. Ich habe dann 18 Jahre am Schalter verbracht, manche Routinearbeit erledigt, aber auch Telefonvertragsberatung gemacht und so weiter. Und bei der Postbank war ich im Einsatz.

Vom Schalter zum Banker – das war möglich?

Dazu waren natürlich einmal mehr Fleiß und mehr als 100 Prozent Einsatz nötig. Hätte ich gesagt, ich mache den Schalterjob einfach nur als Beschäftigungstherapie, wäre ich nicht vorwärtsgekommen.

Wie sind Sie vorwärtsgekommen?

Es gab Assessment-Center, „Bestenauslese" genannt. Da habe ich mitgemacht, weil ich Engagement zeigen und mich fortbilden wollte. Das findet jeder Arbeitgeber gut. Im Bankbereich wird man letztlich natürlich am Umsatz und anderen Zahlen gemessen. Auch in dieser Hinsicht war ich ehrgeizig. Da kamen mir meine Deutschkenntnisse wieder sehr zugute.

Banking klingt eher nach Mathe.

Bankberater müssen sich auch gut ausdrücken können – schriftlich und mündlich. Mir hat es extrem Spaß gemacht, meine Kunden zu beraten. Damals habe ich angefangen, mich mit Dialogmarketing zu befassen. Dabei kommt es ganz wesentlich auf sprachliche Formulierungen an. Abgesehen davon klopften nach und nach immer mehr Kollegen an, um sich irgendwelche Schriftstücke von mir formulieren zu lassen. Das wurde ganz schön aufwändig. Aber ich fand es schön, gefragt zu werden.

Haben Sie Ihren Eltern jemals nachgetragen, dass sie Sie nicht zum Studium bewegt haben?

Kein Gedanke, ehrlich. Die Post war gut für mich. Ich bekam Jobs, bei denen ich viel fürs Leben lernen konnte. Ich bekam den Beamtenstatus und ein Gehalt, von dem ich vernünftig leben konnte. Damit war ich sehr zufrieden.

Was haben Sie bei der Post fürs Leben gelernt?
Vor allem den Umgang mit unterschiedlichen Charakteren im Kollegen- und Kundenkreis sowie Kundenorientierung. Auch diese Schule war wichtig fürs Selbstvertrauen.

Was genau brachte Ihnen mehr Selbstvertrauen?
Ich habe gelernt: Wenn ich Verantwortung übernehme, Haltung bewahre und ehrlich bleibe, läuft es gut für mich. Wenn man zum Beispiel mal seine Meinung durchsetzt oder Kollegen gegenüber Kunden oder dem Chef beisteht.

Dem Chef die Meinung sagen? Das kann Nachteile bringen.
Ich glaube, der Ton macht die Musik. Und die Wortwahl. Auch in dieser Hinsicht habe ich von meinem Sprachverständnis profitiert. Wenn Ton und Wortwahl angemessen sind, kann man ruhig mal anecken.

Wie ticken Sie im Konfliktfall?
Ich versuche, meinen Gesprächspartner und mich von der emotionalen Ebene auf die sachliche, rationale Ebene zu bringen. Dahin, wo die Fakten zählen. Sonst ist ja jeder gleich zerstritten, was meist total unnötig ist.

Viele Menschen fürchten Konflikte, erst recht mit dem Chef.
Viele kuschen und sagen: Okay, wenn der Chef etwas sagt, bin ich lieber still. Ich habe meine Meinung oft gesagt und wenige schlechte Erfahrungen gemacht.

Wie ist es heute an der Universität? Reden Sie vor Ihren Studenten so gut, wie Sie schreiben?
Leider rede ich viel schlechter. Ein echtes Defizit.

Woran liegt's?
Vielleicht daran, dass ich nicht auf dem Gymnasium war. Gymnasiasten werden von Anfang an daran gewöhnt, vor anderen zu referieren. Mir fehlt diese Grundausbildung.

Die haben Sie durch die Dozententätigkeit an der Uni doch sicher aufgeholt.
Na ja, ein bisschen. *Learning by doing.* Inzwischen klappt es ganz gut.

Warum empfinden Sie dennoch ein Defizit?
Vielleicht sind meine Vorbilder zu groß.

Welche Vorbilder?
Einige Politiker und bestimmte Professoren an der Uni. Bei denen denke ich immer: Wow!

Wen meinen Sie?
Richard von Weizsäcker, Helmut Schmidt und Gerhard Schröder zum Beispiel. Manchmal schaue ich alte Parlamentsdebatten mit denen auf YouTube an, um von ihrer Rhetorik zu lernen. Das ist ein Bereich, der mich fasziniert. Klar geworden ist mir dies aber erst im frühen Erwachsenenalter. Seither sehe ich Sprache als Handwerkszeug.

Dann sind Sie der Handwerker unter den Uni-Dozenten?
Irgendwie schon.

Mehr Praktiker als Ihre Akademikerkollegen?
Ich habe natürlich den wissenschaftlichen Anspruch, gehe aber immer von der Praxis aus. Die künftigen Deutschlehrer nerve ich immer mit Fragen wie: Wie werden Sie dieses und jenes konkret in der Schule erklären? Wie werden Sie es vermitteln?

Begegnen Ihnen die Studenten respektvoll?
Ja, so empfinde ich es. Besonders schön ist, dass sie sich bei mir eher trauen nachzufragen als bei den Professoren. Es hat sich herumgesprochen, dass der Stang ein Quereinsteiger ist. Das kommt, glaube ich, ganz gut an. Ich bin schon oft von Studenten angesprochen worden, wie man es ohne Abitur als Dozent an die Uni schafft.

Würden unseren Universitäten mehr Praktiker unter den Dozenten guttun?
Das kommt auf die Fächer an. Aber der Weg, den die Unis und Fachhochschulen jetzt einschlagen, nämlich engagierte wissenschaftliche Mitarbeiter einzustellen, die Praxiserfahrung haben, ist gut. Natürlich darf es nicht die geringsten Zweifel an den Fähigkeiten solcher Praktiker geben.

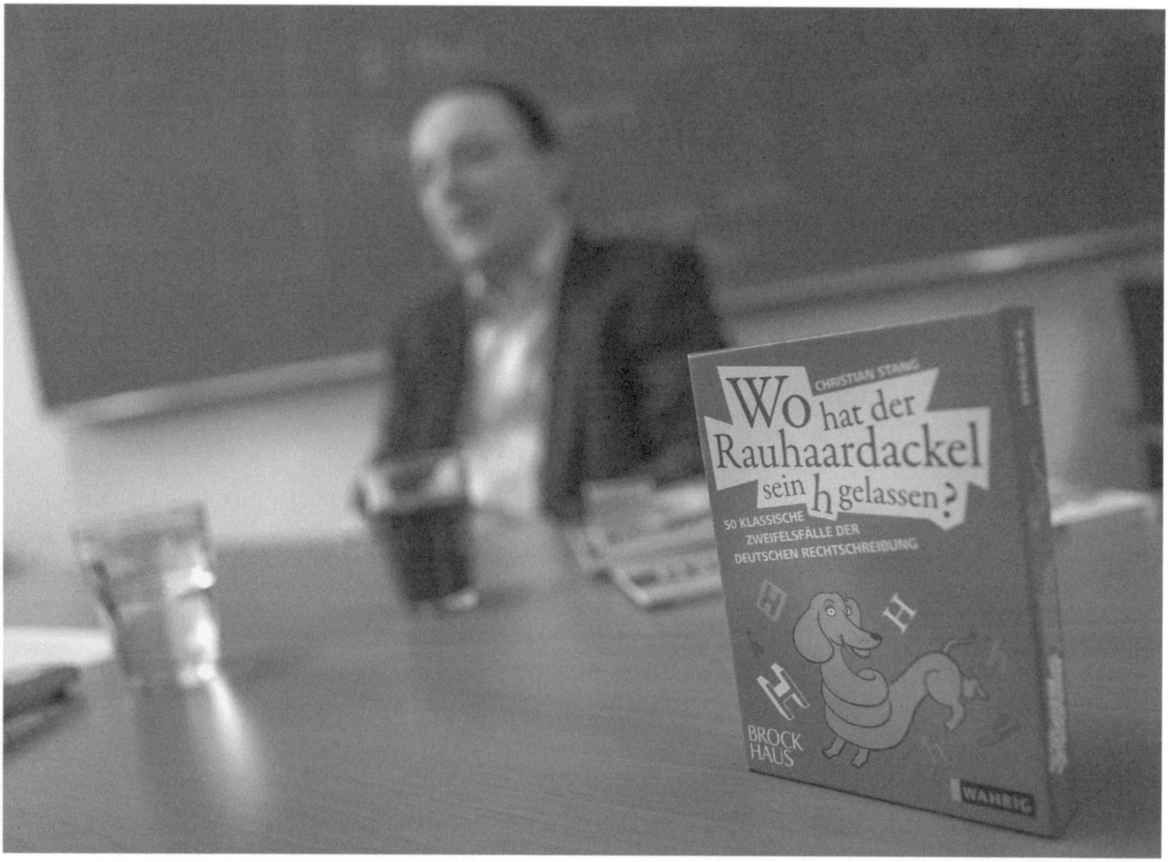
CHRISTIAN STANG
Wo hat der Rauhaardackel sein h gelassen?
50 KLASSISCHE ZWEIFELSFÄLLE DER DEUTSCHEN RECHTSCHREIBUNG
BROCK HAUS

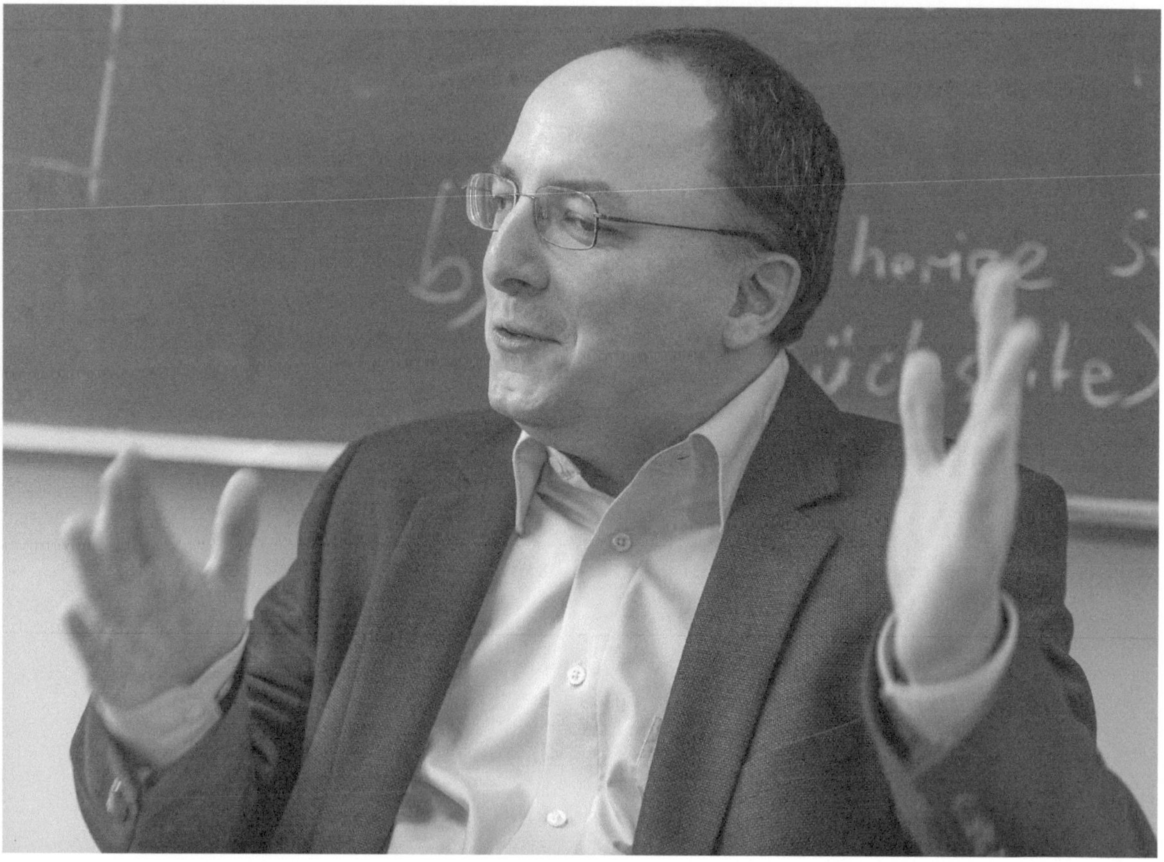

Viele Studenten aus Nichtakademiker-Familien fühlen sich unsicher in der akademischen Welt. Wie ging es Ihnen, als sie als Dozent antraten?
In meine ersten Workshops hat mich eine Kollegin begleitet, weil ich ganz schön nervös war. Sie hat gesagt: „Du gehst jetzt einfach an die Tafel und erklärst dein Thema. Anders wird es nicht funktionieren." Recht hatte sie – und es hat gut geklappt. Geholfen haben mir aber auch die Hinweise von Förderern, ohne die ich nie an der Uni Regensburg gelandet wäre.

Wer waren Ihre Förderer?
Professor Hermann Scheuringer zum Beispiel, der die Professur für Deutsche Sprachwissenschaft innehat.

Wie haben Sie es geschafft, von einem renommierten Professor gefördert zu werden?
Im Jahr 2004 haben wir gemeinsam ein Buch zur Geschichte und Neuregelung der deutschen Rechtschreibung veröffentlicht. Seither kennen wir uns. Ihm und dem Kanzler der Universität Regensburg, Herrn Dr. Christian Blomeyer, habe ich sehr viel zu verdanken. Herr Blomeyer sagte: Okay, den Stang an die Uni zu bekommen, ist nicht einfach, aber wir wollen es versuchen und ihm die Chance geben. Die Post gehört natürlich ebenfalls zu meinen Förderern, weil sie mich ausgeliehen hat. Das ist sehr kulant.

Noch einmal zu Professor Scheuringer: Wie kamen Sie dazu, mit ihm ein Buch über die Rechtschreibung zu schreiben?
Er hatte bereits eine kleinere Ausgabe zum Thema verfasst, die meiner Ansicht nach sehr gelungen war. Dies und den Vorschlag, das Buch zu erweitern, habe ich ihm einfach geschrieben. Er fand es toll und stimmte zu, nachdem auch der Verlag an einer Erweiterung interessiert war. Dann habe ich meinen Teil an ihn geliefert und er sagte, so ordentlich und schnell hätte ihm noch nie jemand Texte geliefert. Anscheinend habe ich ihn wirklich begeistert. Und so half er mir, dass ich meine Leidenschaft seit 2011 an der Uni ausüben darf.

Würden Sie gern an der Uni bleiben?
Oh ja. Hier ist meine Leidenschaft schließlich Hauptberuf geworden.

CHRISTIAN STANG

Nebenberuflich schreiben Sie seit Jahren Deutschbücher. Mittlerweile sind es mehr als 20, die Sie für die Verlage Duden, Hueber, Humboldt und Langenscheidt verfasst haben – das erste mit 18 Jahren. Wie ging es mit der Buchschreiberei damals los?

Mit 16 Jahren habe ich den Rechtschreibratgeber eines renommierten Verlags gelesen. Da waren Fehler drin! Sofort habe ich den Verlag informiert, der versicherte, die Fehler in der Neuauflage zu korrigieren. Dann schlug er vor, ich könne selbst ein Buch verfassen, wenn ich so fit im Deutschen sei. Als ich im Verlag erschien und meine Gesprächspartner einen Teenager statt einen Lehrer oder Professor vor sich sahen, haben sie die Hände über dem Kopf zusammengeschlagen. Ein paar Monate später erschien mein Erstlingswerk: „Zeichensetzung – kurz und bündig".

Meinen Sie, auch andere Nichtakademiker können, was Sie draufhaben?

Ganz bestimmt, wenn sie es sich nur zutrauen würden. Es gibt viele Menschen, die können viel mehr, als sie zeigen. Aber sie lassen ihre Fähigkeiten brachliegen. Es gibt viele Chancen. Man muss sie nur nutzen.

Kurz und bündig: Welchen Tipp geben Sie anderen Nichtakademikern?

Nicht aufgeben, wenn etwas schiefgeht, sondern immer weitermachen: gewissenhaft, fleißig und mit Spaß an der Sache.

Herr Stang, vielen Dank für das Gespräch.

Erstens kommt es anders, und zweitens als man denkt ...
Die Seminare und Vorlesungen, die Christian Stang seit seiner Tätigkeit an der Universität Regensburg interessehalber besucht hat, haben ihn letztendlich doch noch dazu inspiriert, ein Studium aufzunehmen. Und dass sich auch bei diesem alles um die deutsche Sprache dreht, ist wohl unschwer zu erraten.

2.

Trendkritik von Topexperten

Konstruktives zur Debatte

Haben Sie herausgefunden, was die fünf interviewten Nichtakademiker gemeinsam haben? Wie diese Menschen beruflich erfolgreich wurden? Auf den kommenden Seiten erläutern fünf Personalexperten, wo der Akademisierungstrend in Deutschland kritikwürdig ist und was sich dringend ändern muss. Dabei nehmen die Interviewpartner auch Nichtakademiker in die Pflicht, weil viele von ihnen mehr für ihre Karriere tun könnten. Zumal ihre Chancen vor allem im Mittelstand steigen.

Manche Aussagen werden Sie überraschen, vielen werden Sie zustimmen, anderen widersprechen. Zum Glück! Denn eine Debatte ist allemal besser, als den Status quo zum Nonplusultra zu verklären oder nur als chancenungleich zu bejammern.

2.1

JUTTA BOENIG
über falsches Karrieredenken, fehlgesteuerte Jugendliche, ängstliche Akademiker, pragmatische Praktiker und kluge Bewerbungen

Karriere machen? Für unsereins ist das doch nichts, denken viele Nichtakademiker. Wirklich nicht? Diese Denkart könnte geradewegs auf den Holzweg führen. Und der führt in die Stagnation, meint Jutta Boenig. Die renommierte Karriereberaterin, 1956 in Mönchengladbach geboren, versteht unter dem Begriff Karriere etwas ganz anderes als die meisten Menschen. Für sie ist Karriere das ganze Leben, also keineswegs nur auf den Job beschränkt. Denn nach Feierabend, das weiß die Personalexpertin inzwischen genau, können Menschen auf Dauer nur zufrieden sein, wenn sie auch am Tage – im Job – zufrieden sind.

Jutta Boenig ist seit 2010 erster Vorstand der Deutschen Gesellschaft für Karriereberatung (DGfK), hat ein sozialwissenschaftliches Studium mit Schwerpunkt Psychologie absolviert, Coachingerfahrung in Unternehmen gesammelt und 1998 ihre Beratungsfirma gegründet. Seither unterstützt sie Konzerne, mittelständische Unternehmen und andere Organisationen bei der Personalentwicklung.

Auch Privatpersonen suchen ihren Rat – und bekommen von Jutta Boenig vor allem Fragen zu hören, auf die sie ehrliche Antworten will. Für dieses Buch wurde sie befragt. Ihre Antworten sollten sich Personalentwickler, Nichtakademiker und Akademiker gleichermaßen hinter die Ohren schreiben.

JUTTA BOENIG

»Nichtakademiker können ihre Startposition als Chance sehen. Schließlich haben sie weniger zu verlieren.«

Frau Boenig, wer sind Ihre Kunden?
Jutta Boenig: In der Regel sind das Menschen, die einen Job haben und unsicher sind, wie sie ihren weiteren Berufsweg gestalten sollen. Ich helfe ihnen dabei, sich zu orientieren.

Sie helfen also Leuten, die Karriere machen wollen?
Ich bin zwar Karriereberaterin, benutze den Begriff Karriere aber gar nicht so gerne, weil er viele Menschen abschreckt. Sie verbinden damit vor allem „höher, schneller, weiter".

Zu Recht, oder?
Bei der Deutschen Gesellschaft für Karriereberatung sagen wir: Karriere ist mehr als eine Leiter, die nur nach oben geht.

Was ist Karriere noch?
Für mich ist es ein ganzheitlicher Begriff, der den Beruf und die Privatsphäre einschließt. Denn beides beeinflusst sich gegenseitig. Karriere ist also alles, was einen Menschen fachlich und emotional ausmacht. Ich nenne das gerne Berufs- und Lebensweg. Der kann nach rechts, links, oben und unten gehen.

Beraten Sie mehr Akademiker oder mehr Nichtakademiker?
Der Großteil meiner Kunden sind Akademiker und Akademikerinnen, die über 40 Jahre alt sind und ihre Karriere, also durchaus ihren Lebensstil hinterfragen, weil sie ihn vielleicht ändern möchten. Sie fragen sich, wer sie sind, was sie als Mensch im Leben ausdrücken möchten und was sie tun müssen, um ihrem Anspruch im Alltag gerecht zu werden.

Warum kommen relativ wenige Nichtakademiker zu Ihnen?
Bei meiner Tätigkeit für Unternehmen biete ich auch Konzepte für die berufliche Entwicklung von Nichtakademikern an. Leider lassen sie sich bislang weni-

ger persönlich und individuell beraten oder coachen, weil viele von ihnen denken: Karriere? Für mich ist das doch nichts. Wer bin ich denn schon? Noch viel zu wenige denken anders, aber manche von denen kommen zu mir.

Was bewegt Nichtakademiker, die anders denken?
Ähnliches wie Akademiker. Zum Beispiel, dass sie Berufe gelernt haben, die nicht zu ihnen passen. Ich erinnere mich an einen jungen Mann, der eine Banklehre hinter sich gebracht hat und zu mir sagte: „Wenn ich in meinem Boss-Anzug stecke, bin ich nicht ich. Das halte ich nicht lange durch."

Warum hat er dann die Banklehre gemacht?
Weil sein Vater es wollte. Der hatte dem Sohn lange Zeit eingeredet, er solle froh sein, in der Bank einen sicheren Job zu haben. Mal davon abgesehen, dass die vermeintliche Sicherheit im Bankwesen seit der Finanzkrise vorbei ist, interessierte sich der junge Mann schon immer mehr für Archäologie und Kunst als für Geldanlageprodukte und Ratenkredite.

Was haben Sie ihm geraten?
Ich habe ihm vor allem Fragen gestellt: „Was wollen Sie ausdrücken in Ihrem Leben? Wie müssten Sie leben, um glücklich zu sein? Was können Sie tun, damit es gelingt? Wie müsste Ihr Arbeitsalltag aussehen, damit Sie Feuer fangen für einen Job?" Wer am Arbeitsplatz unglücklich ist, ist es meist auch nach Feierabend. Deshalb muss der Beruf vor allem eins: Spaß machen. Und echte Freude an ihrer Arbeit, echtes Feuer, empfinden nach meiner Erfahrung relativ wenige Menschen. Dieses Defizit trifft auf Nichtakademiker und Akademiker gleichermaßen zu.

Was ist aus dem Bankkaufmann geworden?
Bald nach unseren Gesprächen ist er für ein Jahr nach Italien gezogen, um ein Praktikum bei einem Kunsthistoriker zu absolvieren. Soweit ich weiß, ist er danach nicht mehr in die Bank zurückgegangen.

Kunstgeschichte klingt akademisch. Muss Karriere immer akademisch sein?
Oh nein, das Praktikum des Bankers bei dem Kunsthistoriker zum Beispiel hatte ausschließlich den Zweck, sich mehr theoretisches Wissen anzueignen, um dann den Weg des handwerklichen Kunstschreiners zu gehen. Das war für ihn ein Ziel, für welches er bereit war, die vermeintliche Sicherheit zu verlassen und nochmal zu lernen.

JUTTA BOENIG

Immer weniger Jugendliche wollen eine Berufsausbildung absolvieren. Entsprechend hat sich die Studienanfängerquote seit dem Jahr 2000 von 33 Prozent auf über 57 Prozent im Jahr 2014 erhöht. Manche Bildungspolitiker wollen sie sogar noch höher sehen. Ein sinnvolles Ziel?

Zugespitzt gesagt: Ich halte es für verrückt. Oder besser gesagt: den Druck, der dafür gemacht wird. Dahinter steckt ja ein Denken, das weit vor dem Studienstart beginnt. Wenn ein Mensch in einer Gesellschaft vor allem dann anerkannt wird, wenn er schon in der Kita Englisch gelernt hat, zwei Musikinstrumente spielt, im Fitnessclub schwitzt und am besten mit Anfang 20 den Doktortitel erwirbt, finde ich das bedenklich.

Sie finden frühe, breite Bildung bedenklich?

Ich finde, heutzutage wird vielen Kindern und Jugendlichen die Chance zur kreativen Selbstorientierung und inneren Ausgeglichenheit genommen, weil sie gesellschaftlichen und elterlichen Ansprüchen entsprechen müssen. Und ich bezweifle, dass jeder junge Akademiker von heute wirklich ein Akademiker ist. Das sieht man an den hohen Studienabbrecherquoten und den Klagen aus Wissenschaft und Wirtschaft über das enttäuschende Niveau vieler Uni- und Hochschulabgänger.

Woran liegt's?

Beispielsweise daran, dass sie Studienrichtungen gewählt haben, die mehr den Erwartungen anderer entsprechen als den eigenen Interessen und Fähigkeiten. Dies gilt genauso für Berufsschulabsolventen wie für „meinen" Bankkaufmann, von dem ich gerade erzählt habe. Wer gut im Job sein und zufrieden leben will, muss ein gewisses Feuer für seinen Berufsalltag empfinden. Wer dagegen zum Beispiel von der Hauptschule abgeht, eine Stelle als Sachbearbeiter bei der Kommune bekommt und sich da einfach nur einrichtet, um die nächsten 40 Jahre seine Pflicht abzuleisten, wird beruflich und geistig stagnieren.

Im Öffentlichen Dienst werden Einfacher Dienst – früher Unterer Dienst genannt – und Höherer Dienst unterschieden. Denselben Wortgebrauch kennen wir von der Bildung, denken wir nur an die sogenannte „höhere" Bildung. Damit werden Menschen quasi klassifiziert. Wie wirkt sich das aus?

Ich glaube, allein schon diese Wortwahl führt dazu, dass sich die „Einfachen" gegenüber den „Höheren" klein machen. Das blockiert und demotiviert die „unteren" Ränge natürlich. Und diese Folge ist wiederum vor allem deshalb schlimm, weil viele dieser per Wortwahl Degradierten nie über ihre erste berufliche Entwicklungsstufe hinauskommen, obwohl sie dazu fähig wären. Irgendwann denken die: Wer bin ich denn schon? Und verlieren jegliche Ambitionen, sich beruflich und persönlich weiterzuentwickeln.

Kennen Sie fähige Nichtakademiker?
Solche kennen wir alle! Da fällt mir ein guter Bekannter in meinem Alter ein, der keinen Schulabschluss hat. Vor einiger Zeit saß ich mit ihm und zwei Professoren, einer davon Universitätspräsident, bei einer Abendveranstaltung an einem Tisch zusammen. Die Professoren, die zunächst nichts vom Werdegang meines Bekannten wussten, diskutierten die halbe Nacht mit ihm über Gott und die Welt. Als er irgendwann erwähnte, keinen Schulabschluss zu haben, blieb den Professoren der Mund offen stehen! Später fragte einer der beiden etwas verschüchtert, warum mein Bekannter trotzdem so selbstbewusst und gebildet sei ...

Und?
Er hat seit jeher sehr viel gelesen, ein Unternehmen gegründet und dieses lange geführt. Der Mann hat bewiesen: Bildung und Selbstsicherheit kann man sich auch außerhalb der Universitäten holen.

Selbstsicherheit, Selbstbewusstsein und Selbstvertrauen gehören zu den Standardanforderungen von Personalmanagern bei Stellenbesetzungen. Was bedeuten diese Worte?
Das wird klar, wenn man sie richtig ordnet: An erster Stelle muss Selbstbewusstsein stehen. Es bedeutet, sich bewusst darüber zu sein, was einen ausmacht: Stärken, Schwächen, Interessen, Ängste, Kraftquellen und so weiter. Reflektiere ich sie realistisch, werde ich auf meinem Berufsweg viel mehr richtige als falsche Entscheidungen treffen. Wenn das gelingt, verbuche ich mehr Erfolge als Misserfolge, was wiederum mein Vertrauen in mich, also in mein Selbstvertrauen erhöht. Und ein hohes Selbstvertrauen spiegelt sich in Selbstsicherheit.

Was raten Sie jemandem, der bei bestimmten Entscheidungen dennoch zweifelt?
Was völlig normal wäre, Zweifel gehören zum Leben! Wenn sich Zweifel jedoch zu inneren Blockaden auswachsen, sollten sich beruflich ambitionierte Menschen Mentoren, also intelligente Sparringspartner, suchen, die ihnen die richtigen Fragen stellen, Mut und, na ja, ein bisschen Feuer unterm Hintern machen.

Glauben Sie, Personalmanager wissen immer, was sie meinen, wenn Sie in Stellenanzeigen selbstbewusste Mitarbeiter suchen?

Ich würde sagen, sie drücken sich oft falsch aus. Die wollen ja sagen: Wir suchen selbstbewusste Leute, die zu uns passen. Das „passen" ist entscheidend. Deshalb sollten Personaler konkret formulieren, wie ein neuer Mitarbeiter sein muss, damit er zum Unternehmen oder zu einer bestimmten Abteilung passt. Das Wort „selbstbewusst" alleine sagt wenig aus.

Was Personalmanager doch wissen müssten.

Einer hat mal zu mir gesagt: „Jeder weiß, dass die Schlagworte in den Stellenanzeigen eigentlich nichts heißen." Ich sagte: „Aber wie schwer macht ihr es damit den Bewerbern?" Ich meine, mit diesen abstrakten Begriffen wie „teamorientiert", „kommunikationsfähig" und so weiter.

Erklären sich die Personaler wenigstens in Bewerbungsgesprächen?

Nicht immer, aber immer öfter. Es gibt immer mehr Personalverantwortliche, die Kommunikationstrainings oder Coaching-Ausbildungen machen. Dort werden ihnen ihre Defizite und deren Folgen bewusst.

Wie sollten Bewerber sich angesichts solch abstrakter Anforderungen in Einstellungsgesprächen erklären?

Genau wie die Personaler es tun sollten: möglichst konkret. Etwa so: „Wenn Sie unter ‚belastungsfähig' verstehen, dass ich schon mal 15 Stunden am Tag unter Druck, aber in hoher Qualität arbeiten muss, bin ich die Richtige für Sie. Kürzlich habe ich einen kurzfristigen Auftrag für einen sehr anspruchsvollen Kunden erledigt, dafür dieses und jenes in kürzester Zeit geschafft – und den Kunden damit glücklich gemacht." Natürlich muss die Geschichte der Wahrheit entsprechen. Um sich selbstsicher zu empfehlen, muss man seine Stärken und Schwächen gut reflektiert, also sich selbst bewusst gemacht haben. Unter anderem daran arbeite ich mit meinen Kunden in der Beratung.

Ist Selbstreflexion eine leichte Übung?

Viele Kunden überlegen erst einmal sehr, sehr lange. Insbesondere fällt die Reflexion jenen schwer, die sich dabei klar darüber werden, 15 oder 20 Berufsjahre ohne inneres Feuer abgearbeitet zu haben. Ehrlich zu sich selbst zu sein ist alles andere als leicht. Aber trotzdem: Die meisten meiner Kunden freuen sich, wenn ihnen endlich mal eine ehrliche Selbsteinschätzung abverlangt wird. Sich

Defizite und Fehler einzugestehen ist ein unverzichtbarer Schritt, wenn man sich in die richtige Richtung entwickeln will.

Reflektieren sich Akademiker und Nichtakademiker eigentlich ähnlich?

Ich sehe eher Unterschiede: So verlieren sich Akademiker öfter in Nebensächlichem und stellen sich eher skeptisch Wenn-Dann-Fragen. Also: Wenn ich dieses machte, könnte dann jenes passieren? Solche Fragen lösen in ihnen eine bremsende Angst aus, die letztlich zu einem „Ich traue mich nicht" führt. Dagegen denken ambitionierte Nichtakademiker öfter praktisch-positiv. So nach dem Motto: Was bringt es mir mehr, wenn ich dieses oder jenes angehe und was muss ich jetzt dafür machen?

Was bringt „es" mehr an Geld? Geht es auch darum?

Eher zählen Lust auf den Job, ein kollegiales Umfeld und Entwicklungsmöglichkeiten.

Ist Akademikern Geld wichtiger?

Mein Eindruck ist, dass es ihnen im Durchschnitt wichtiger ist. Aber noch mehr zählt die hierarchische Positionierung in der Organisation und die damit verbundene Macht. Ich habe einen Kunden, dessen Frau ihm klar gesagt hat: „Ich habe einen Manager geheiratet und keinen Loser.". Solche Sätze, die übrigens viele Top-Führungskräfte schon mal von ihrer Frau gehört haben, bauen natürlich Druck auf, an der Macht, am Status quo festzuhalten. Je weiter oben auf der Hierarchieleiter Manager angekommen sind, desto mehr Angst bekommen sie vor Veränderungen, die Macht-, Renommee- und Gehaltsverlust bedeuten könnten. Diesen Mechanismus kenne ich von Nichtakademikern weniger, weil die meisten von ihnen erst gar nicht in solche Positionen kommen.

Also stimmt der verbreitete Spruch „Einmal unten, immer unten"?

Er stimmt oft – und oft nicht. Letztlich trägt jeder Mensch selbst maßgeblich dazu bei, wie er sich entwickelt. Nichtakademiker können ihre Startposition ja auch als Chance sehen. Schließlich haben sie weniger zu verlieren. Man muss positiv denken statt sich zu bemitleiden.

Mitunter heißt es, Nichtakademiker würden gerne andere dafür verantwortlich machen, wenn sie beruflich stagnieren. Stimmt das?

Sicher, aber das hat nichts mit dem Ausbildungsniveau zu tun, sondern ist

ein typisch menschlicher Zug. Es fällt halt leichter, bei anderen die Schuld zu suchen, als sich selbst in die Verantwortung zu nehmen. Bei Nichtakademikern hängt es oft damit zusammen, dass sie weniger als viele Akademiker aktiv gefördert wurden und werden: früher nicht von ihren Eltern und Lehrern und heute nicht von den Personalabteilungen. Letztere bieten Nichtakademikern noch viel zu schlechte Karriereperspektiven.

Krankt unsere Gesellschaft daran, dass nichtakademische Berufe gemeinhin weniger wertgeschätzt werden?
Ja. Nichtakademiker zu sein heißt auch heute noch, zu bestimmten gesellschaftlichen Gruppen oder Arbeitsangeboten schwerer Zugang zu bekommen. Nichtakademiker versuchen oft erst gar nicht, sich mit universitären Angeboten auseinanderzusetzen. Oder umgekehrt, sie werden von universitären Gremien ignoriert. Zudem ist die Karriereentwicklung innerhalb von Unternehmen bei einem fehlenden Studienabschluss begrenzt. Dabei könnte man so viel voneinander profitieren, neue Sicht- und Denkweisen zulassen, Entwicklungen vorantreiben. Das heißt aber nicht, dass vernachlässigte Mitarbeiter der Situation hilflos ausgeliefert sind.

Was können sie tun?
Sich hartnäckig für konkrete Fortbildungen vorschlagen, der Personalabteilung damit auf die Nerven gehen, aber bitte ohne zu jammern. Und wenn ihre Mühe verpufft, sich – wie schon gesagt – Mentoren suchen und mal eine Fortbildung selbst bezahlen. Da wäre ihr Lohn oder Gehalt besser investiert als in den meisten Konsumartikeln.

Sie sprechen schon wieder von Mentoren. Halten Sie aktive Förderung für karriereentscheidend?
Unbedingt. Es prägt Menschen, ob sie stark oder schwach geredet, motiviert oder demotiviert werden. Sich selbst vertrauen und Mut zusprechen können die wenigsten Menschen auf Dauer alleine vor dem Spiegel im stillen Kämmerlein. Gerade junge Leute brauchen Förderer, die ihnen Erfahrungen weitergeben und ihnen etwas zutrauen, damit sie sich selbst etwas trauen. Dazu fällt mir schon wieder ein schönes Beispiel ein.

Lassen Sie hören.
Ich kenne eine Putzfrau, die vor ein paar Jahren mit Ach und Krach die Hauptschule geschafft hat. Danach sagte man ihr beim Arbeitsamt, dass sie untauglich

für eine Berufsausbildung sei und Hartz IV auf sie warte. Unglaublich, oder? Was kann ein Arbeitsamtberater mit solchen Sprüchen bei einem Menschen anrichten? Die junge Frau sagte, Hartz IV ist tabu und gründete eine Putzagentur. Inzwischen hat sie zwei Angestellte, bedient mehrere Kunden, einer davon ist meine Firma.

Jetzt klingen Sie stolz.
Ich bin stolz auf diese Frau! Auch, weil ich sie anfangs unterstützt habe.

Worin?
Vor allem bei kommunikativen Themen und Sozialkompetenzen: beispielsweise, wie sie mit Ämtern umgehen, Kundengespräche führen, Angebote schreiben und sich als Mensch und Fachfrau überzeugend präsentieren sollte. Inzwischen lernt sie sogar Chinesisch!

Warum?
Sie hat Filme über China gesehen, jetzt ist China ihr Sehnsuchtsland und sie saugt Wissen darüber auf. Klasse, oder? Von wegen untauglich und Hartz IV-Kandidatin!

Angeblich basiert der berufliche Erfolg zu 50 Prozent auf Fachkenntnissen und zu 50 Prozent auf sozialen Kompetenzen. Glauben Sie diese Formel?
Ja. Die sozialen Kompetenzen überwiegen inzwischen vielleicht sogar, weil immer mehr Unternehmen dort zunehmende Defizite feststellen. Das Problem ist: Erwachsenen kann man soziale Kompetenzen sehr viel schwerer beibringen als reines Fachwissen.

Zu den Sozialkompetenzen zählt die viel beschworene Kommunikationsfähigkeit. Was bedeutet dieser Standardbegriff?
Ein Personaler erklärte es mir so: „ ..., dass jemand gut mit Kunden umgehen und Konflikte lösen kann." Hm. Bei der anschließenden Diskussion darüber stellte sich heraus: Er meinte bewusstes, differenziertes, reflektiertes und verständliches Sprechen! Salopp gesagt: Alles, was ein Mitarbeiter sagt, soll fachlich Hand und Fuß haben und in einer gebildeten Sprache und einem verträglichen Ton ausgedrückt werden.

Wie lässt sich Sprache bilden?
Ich empfehle zum Beispiel, sich guter Literatur zuzuwenden, Romane und Gedichte zu lesen.

JUTTA BOENIG

Von wem zum Beispiel?

Manchen meiner Kunden drücke ich Thomas Mann aufs Auge, damit sie sehen, wie Sprache wirken kann, wenn er Zusammenhänge, Situationen und Gegenstände differenziert beschreibt. Es geht doch darum: Sprache bildet Bewusstsein. Und wer sich bewusst ausdrückt, ist in der Regel überzeugender als andere, was wiederum sein Ansehen und seinen Wert im Job steigert. Deshalb ist die eigene Sprache schon in der Bewerbungsphase ein ganz wichtiges Erfolgskriterium oder eben eine Ursache dafür, warum Bewerber abgelehnt werden.

Unterscheiden sich Akademiker und Nichtakademiker sprachlich?

Nichtakademiker sind im Schnitt sprachlich weniger gebildet, weil sie leider vergleichsweise wenig lesen. Da fällt mir ein Kunde ein, den ich seit Jahren regelmäßig auf seinem Berufsweg begleite. Er hat einen Beruf gelernt, ein Fachabitur gemacht, eine Technikerschule abgeschlossen, nebenberuflich studiert und es bis zum European Sales Manager gebracht. Eine Superkarriere, auch dank des hervorragenden dualen Systems in Deutschland. Trotzdem sagt er: „Mir fehlt es immer wieder an Selbstsicherheit, weil ich mit relativ wenig Allgemeinwissen und wenig sprachlicher Bildung groß geworden bin."

Dieses Defizit empfindet er selbst nach dem Studium?

Er hat ein technisches Studium absolviert und dabei Fachbücher gelesen, was nichts mit geschliffener Sprache und Allgemeinbildung zu tun hat. Es gibt natürlich auch Akademiker, die noch nie einen Roman gelesen haben. Ein Studium bedeutet, dass jemand ausgebildet wurde und nicht unbedingt echte Bildung. Anders herum gibt es Menschen, die weder Abitur noch Studium haben und dennoch gebildet sind. Mein Bekannter, von dem ich vorhin erzählte, ist so einer, unser früherer Bundesaußenminister Joschka Fischer ebenso. Dessen einziges Zertifikat ist ein Taxischein.

Fischer ist eine Ausnahmeerscheinung. Sollen sich Jugendliche an so einem orientieren?

Na klar! Wer genauer hinschaut, findet noch viel mehr Nichtakademiker mit tollen Berufswegen. Man muss ja nicht gleich Minister werden. Viele wählen zum Beispiel den Weg in die Selbstständigkeit oder werden bei mittelständischen Unternehmen glücklich.

In größeren Unternehmen waren tolle Nichtakademiker-Karrieren früher leichter als heute, sagen Experten. Sie auch?

Diesen Eindruck habe auch ich. Der Grund dafür scheint mir der Akademisierungs-Zeitgeist zu sein. Man kann ihn aber positiv sehen, denn er hat zur Folge, dass die Chancen für talentierte Nichtakademiker vor allem im Handwerk und in mittelständischen Unternehmen richtig gut geworden sind. Gerade Unternehmen in der Provinz werben mit sehr attraktiven Bedingungen um Fachkräfte mit Berufsschulabschluss und Auszubildende.

In Deutschland wird viel über bildungsunabhängige Talentförderung geredet. Was passiert da in der Praxis?

Den Unternehmen fehlen zunehmend Fachkräfte. Und dies ist beileibe kein politisches Warnen mehr, sondern Alltag. Vor allem kleine und mittelständische Firmen gehen dazu über, „anders" zu fördern. Talente innerhalb der eigenen Mitarbeiter werden „entdeckt" oder externe Bewerber ohne passenden Bildungsabschluss in Förderprogramme aufgenommen. Man achtet stärker darauf, Persönlichkeit, Fachwissen und fachliche Umsetzungsfähigkeit der potenziellen Fachkraft ganzheitlich zusammenzubringen. Insgesamt passiert aber noch viel zu wenig. Immerhin sehen sich die Unternehmen langsam unter Zugzwang.

Nur aus der Not, dem Fachkräftemangel, heraus?

Richtig.

Schade, oder?

Auch das sehe ich positiv. Echter Fortschritt in diesen Bereichen entsteht meistens aus Notlagen heraus.

Was wäre ein echter Fortschritt bei der Talentförderung?

Da ich überzeugt davon bin, dass jeder Mensch unabhängig von seinem Bildungs- und Ausbildungsniveau individuelle Begabungen hat, wünschte ich, Personalentwickler würden intensiver nach ihnen suchen. Dafür sollten sie nicht nur Abschlusszertifikate lesen, sondern Vorurteile gegenüber Nichtakademikern abstreifen und sich mit der Persönlichkeit von Kandidaten intensiv auseinandersetzen.

Wie passt Ihre Forderung mit dem Trend zu elektronischen Bewerbungen via Internet zusammen?

Leider gar nicht. Dieser Trend spart vielleicht Kosten, ist aber eher fach- als persönlichkeitsorientiert. Wenn im Internetformular ein individuelles Anschreiben vorgesehen ist, sollten Bewerber sich dort unbedingt selbstbewusst mit ihren konkreten Charaktereigenschaften und Fähigkeiten empfehlen.

Bewerber stellen sich mitunter fähiger dar als sie sind. Ist das legitim, um eine Chance auf persönlichen Kontakt zu bekommen?

Davon rate ich ab. Wer etwa bei den Englischkenntnissen „verhandlungssicher" anklickt, obwohl er dafür noch einen Kurs bräuchte, riskiert ein Bewerbungsgespräch auf Englisch führen zu müssen und – peinlich unterzugehen.

Wer ehrlich ist, würde vielleicht sofort abgelehnt und hätte damit die Chance des persönlichen Auftritts verspielt.

Ehrlich währt am längsten, kann ich da nur sagen. Bewerber können ja ihre Bewerbungsunterlagen in einer klassischen Mappe an den potenziellen Arbeitgeber schicken und dort hineinschreiben, dass ihr Englisch zwar noch nicht verhandlungssicher ist, aber nach einem Kurs verhandlungssicher wäre.

Und wenn die Personalabteilung den Bewerber daraufhin anruft und meckert, man hätte doch ausdrücklich um elektronische Bewerbungen gebeten?

Dann hat sie die Mappe immerhin angenommen und mit dem Bewerber ein Gespräch angefangen, bei dem sich dieser mit Feuer empfehlen kann.

Welche sind die größten Fehler von Bewerbern ohne Studium?

Sie über- oder unterschätzen sich.

Was passiert öfter?

Dass sie sich unterschätzen.

Gilt das auch für Akademiker?

Ja. Ich hätte noch einen weiteren Fehler.

Welchen?

Viele Bewerber bewerben sich überall – frei nach dem Motto: Irgendwer wird mich schon nehmen. Sie streuen sogar quasi die gleichen Bewerbungen.

Klingt effizient, weil zeitsparend. Was ist daran schlecht?

Sie bekommen zwangsläufig massenhaft Absagen und verbrennen sich damit Adressen. Ein Beispiel dazu: Ich habe eine Nichtakademikerin beraten, eine ausgebildete Heilerziehungspflegerin. Da sie nicht mehr körperlich so eng mit geistig und körperlich behinderten Menschen arbeiten wollte, hat sie eine Umschulung zur Bürokauffrau absolviert und sich anschließend querbeet und mit einfallslosen Standardsätzen im Anschreiben beworben. Natürlich haben ihr alle Adressaten abgesagt. Von ihrer Art gibt es ja Tausende. Dann haben wir gemeinsam ihren Zusatznutzen, ihr Alleinstellungsmerkmal, erarbeitet.

Was bedeuten diese Begriffe?

Der Zusatznutzen sind Fähigkeiten eines Bewerbers, die über jene Fähigkeiten hinausgehen, die Arbeitgeber üblicherweise für eine bestimmte Stelle erwarten. Die Sahne auf der Kirschtorte sozusagen, die einen Bewerber begehrenswerter als die Masse macht.

Was hatte die ehemalige Heilerziehungspflegerin zusätzlich zu bieten?

Sie kann mit eingeschränktesten Menschen in schwierigen Situationen umgehen. Nachdem wir dieses – für eine kaufmännische Angestellte wirklich außergewöhnliche – Merkmal bewerbungsadäquat formuliert hatten, bewarb sie sich erfolgreich als sogenannte Re-Integrationsberaterin für Menschen in psychologischer Behandlung, die wieder ins Berufsleben eingegliedert werden. Hier kann sie ihre bisherigen beruflichen Erfahrungen mit der neuen Qualifikation ideal verbinden.

Zu Beginn dieses Gesprächs sagten Sie, Sie würden den Begriff „Berufs- und Lebensweg" dem Wort „Karriere" vorziehen. Dennoch: Meinen Sie, „ihre" neu gestartete Re-Integrationsberaterin macht jetzt Karriere?

Selbstverständlich! Sie ist ja mittendrin. Denn Karriere ist ja kein Ziel, sondern der Weg. Und sie hat das nötige Feuer, um auf ihrem Weg vorwärts zu kommen.

Frau Boenig, vielen Dank für das Gespräch.

2.2

ESTHER HARTWICH

über abstruse Bildungsdiskussionen, irreführende Studien, chancenreiche Studienabbrecher, ineffiziente Bewerbungsverfahren und verdiente Anerkennung

Der Deutsche Industrie- und Handelskammertag (DIHK) ist die Dachorganisation der Industrie- und Handelskammern (IHKs) sowie der Auslandshandelskammern (AHKs). Er vertritt die Interessen der gewerblichen deutschen Wirtschaft gegenüber der Bundespolitik und den europäischen Institutionen. Esther Hartwich leitet beim DIHK den Bereich Ausbildung.

Sie kritisiert den Akademisierungstrend der deutschen Politik, weil er in der Zukunft zu Personalnotstand in vielen Wirtschaftsbereichen führen kann und Nichtakademiker in der öffentlichen Meinung abwertet. Mehr dazu im Interview.

ESTHER HARTWICH

»Meister haben eine höhere Beschäftigungssicherheit als Akademiker.«

Frau Hartwich, müssen junge Leute heute studieren, wenn sie Karriere machen wollen?

Esther Hartwich: Nein. Es gibt ja auch viele spannende Möglichkeiten für Nichtakademiker. Aber damit es so bleibt, darf die duale Berufsausbildung nicht geschwächt werden. Sie ist eine Säule der deutschen Wirtschaft, und ein Hauptgrund für die geringe Jugendarbeitslosigkeit hierzulande. Es ist doch abstrus, dass wir international um unsere praxisnahe berufliche Bildung beneidet werden, aber in Deutschland diskutieren, ob es besser ist zu studieren oder eine duale Ausbildung zu machen. Jugendliche sollten frei entscheiden können, in welche Richtung sie gehen.

Können sie doch.

Mein Eindruck ist, dass jungen Leuten seit einigen Jahren suggeriert wird: Wenn etwas aus dir werden soll, musst du Abitur machen und studieren. Dies würde allerdings heißen, dass diejenigen, die früher nicht studiert haben, nichts geworden sind. Und diese Folgerung ist schlicht falsch. Hinzu kommt: Wir haben vor allem in MINT-Berufen *(Mathematik, Informatik, Naturwissenschaften, Technik)* schon heute viel zu wenige beruflich Qualifizierte. Es darf nicht irgendwann nur noch Studierte geben, die zum Beispiel Maschinen konstruieren können. Wir brauchen auch jene, die die Maschinen zusammensetzen, bedienen und pflegen.

Mit Blick auf die akademische Ausbildung ist häufig vom „höheren" Abschluss die Rede.

Die Formulierung ist absolut irreführend, zumal der deutsche Qualifikationsrahmen längst berufliche und akademische Abschlüsse als gleichwertig einstuft.

Zum Beispiel?

Ein Bachelorabschluss und ein Fortbildungsabschluss als Industriemeister sind auf demselben Niveau eingestuft. Ebenso wie in der kaufmännischen Weiterbildung die Fachwirtabschlüsse. Eine spannende Frage ist, wo das Abitur einsortiert wird.

Wann wird die Einordnung von wem entschieden?

Der Deutsche Qualifikationsrahmen, kurz DQR, wurde in einem Arbeitskreis unter Federführung des Bundesministeriums für Bildung und Forschung und der Kultusministerkonferenz gemeinsam mit dem Bundesministerium für Wirtschaft und Energie, der Wirtschaftsministerkonferenz der Bundesländer sowie den Sozialpartnern und Wirtschaftsorganisationen und weiteren Akteuren aus den Bereichen Behörden, Bildung und Wirtschaft entwickelt. Zurzeit laufen die Diskussionen darüber, wo das Abitur eingeordnet wird. Bis 2017 soll es entschieden werden.

Wie würde der DIHK entscheiden?

Nach Meinung des DIHK gehört das Abitur auf dieselbe Stufe wie die duale Ausbildung – also auf Stufe vier.

Aber?

Die Schulen sehen das anders, die hätten es gerne auf der DQR-Stufe fünf eingeordnet.

Was spricht dagegen?

Zum Beispiel würde jemand, der nach dem Abitur eine Ausbildung bei einer Bank absolviert, in der DQR-Einstufung zurückfallen, obwohl er mit seiner Qualifikation im Gegensatz zum Abitur bereits einen Beruf ausüben kann. Es ist daher nicht nachvollziehbar, dass ein Ausbildungsabschluss ein „niedrigerer" Abschluss als das Abitur sein soll.

Wird die Berufsausbildung von Akademikern geringgeschätzt?

Akademikern sind die Vielschichtigkeit und das hohe Niveau der beruflichen Bildung oft unbekannt. Dies ist ein Grund dafür, dass gerade an vielen Gymnasien noch zu wenig für die Berufsausbildung in Deutschland geworben wird, denn Lehrer haben in der Regel ausschließlich selbst eine akademische Qualifizierung durchlaufen. Man muss aber auch zugestehen: Die duale Ausbildung lief jahrzehntelang gut, weil genügend junge Leute einen Beruf erlernen wollten. Bis vor einigen Jahren konnten die Unternehmen gar nicht genug Lehrstellen anbieten. Jetzt müssen wir uns wesentlich mehr anstrengen, um Schulabgänger für eine Berufsausbildung zu begeistern. Dafür müssen wir auch die Eltern ansprechen. Denn viele Jugendliche orientieren sich bei der Berufswahl an ihren Eltern. Und die beraten ihre Kinder natürlich auf Basis ihrer eigenen Erfahrungen.

ESTHER HARTWICH

Der Akademisierungstrend in Deutschland läuft schon seit 15 Jahren. Das heißt, es gibt langsam immer mehr Akademikereltern. Meinen Sie wirklich, dort gehört zu werden?

Sicher wird es nicht leicht. Denn der Trend heißt ja auch: Immer weniger Eltern kennen das System der Berufsausbildung aus eigener Erfahrung.

Für Nichtakademiker klingt das alles doch trotzdem gut. Deren Zahl sinkt, die Nachfrage bleibt, ihre Karrierechancen steigen.

Erstens unterscheiden sich die Möglichkeiten je nach Branche. Und zweitens bekommen wir wegen der demografischen Entwicklung insgesamt weniger Schulabsolventen. Schon heute bleiben tausende Ausbildungsstellen in Deutschland unbesetzt. Die Folge wird ein Fachkräftemangel insbesondere bei den beruflich qualifizierten Arbeitskräften sein.

In welchen Bereichen?

Nachwuchs zu gewinnen ist über alle Branchen schwieriger geworden. Der Nachwuchs fehlt insbesondere dort, wo potenzielle Bewerber die Arbeitsbedingungen unattraktiv finden. Dazu zählt vor allem die Gastronomie, wo oft bis in die Nacht hinein gearbeitet werden muss. Auch die Bauwirtschaft ist überproportional betroffen.

Ein Argument gegen die Berufsausbildung ist, dass man mit einem abgeschlossenen Studium mehr Geld verdient.

So pauschal stimmt das nicht! Ich kenne diese Studien, die besagen, Akademiker würden über die Lebensarbeitszeit mehr verdienen. Doch das sind Durchschnittsbetrachtungen, die durch bestimmte Berufsgruppen wie Ärzte und Juristen in die Höhe getrieben werden. Wenn man sich diese Studien genauer anschaut, stößt man aber zum Beispiel auf Archäologen mit 2.200 Euro brutto als Einstiegsgehalt. Ebenso haben Architekten zu Beginn ihres Arbeitslebens durchschnittlich lediglich 2.400 Euro zur Verfügung. Ich könnte etliche weitere Beispiele nennen. Beruflich Qualifizierte können deutlich mehr verdienen.

An welche Bereiche denken Sie?

In den Bereichen Versicherungen und Finanzen zum Beispiel bekommen ausgelernte Fachkräfte anfangs 3.000 Euro brutto. Zudem steigen sie einige Jahre früher ins Berufsleben ein als Studierte. Angenommen, jemand fängt mit 16 Jahren eine Ausbildung an und macht anschließend eine Weiterbildung beispielsweise zum Meister, ist er im Alter von nur 25 Jahren schon hochqualifiziert und verdient richtig klasse. Andere studieren in diesem Alter noch und müssen anschließend womöglich erst einmal ihren BAföG-Kredit abstottern.

Ein weiteres Argument pro Studium ist die Arbeitslosenquote, die bei dual Ausgebildeten mit fünf Prozent ungefähr doppelt so hoch ist wie bei Akademikern.
Das ist ebenfalls nur eine Durchschnittsbetrachtung, die für sich betrachtet desinformiert. Denn man kann nicht alle Akademiker über einen Kamm scheren: Die Arbeitslosenquote im Bereich Sozialarbeit/Sozialpädagogik liegt bei 4,9 Prozent. Bei den Sprach-, Literatur- und Geisteswissenschaftlern ist sie hingegen fast doppelt so hoch, aber lediglich 1,3 Prozent der Absolventen in der Humanmedizin finden keine Beschäftigung. Dies senkt die Quote insgesamt wieder. Fakt ist außerdem: Im Durchschnitt genießen diejenigen, die sich nach der Ausbildung zum Meister qualifiziert haben, mit einer Arbeitslosenquote von gerade einmal bei 2,1 Prozent eine höhere Beschäftigungssicherheit als Akademiker!

Wie durchlässig ...
Einen Moment bitte noch. Ein weiteres Argument pro Lehrausbildung ist, dass sich zehn Prozent der Akademiker von einem befristeten Job zum nächsten hangeln. Bei beruflich Qualifizierten sind es nur etwas mehr als fünf Prozent. Diese Fakten und die ganze Palette der beruflichen Möglichkeiten müssen wir, die Vertreter der Wirtschaft, die Schulen und die Arbeitsagenturen viel mehr an Eltern und Schüler – insbesondere an Gymnasiasten – herantragen.

Wie sieht die „ganze Palette der beruflichen Möglichkeiten" aus?
Es gibt 340 verschiedene Ausbildungsberufe, 55 davon alleine im kaufmännischen Bereich. Da kann mir doch niemand erzählen, er fände nichts, wenn er sich für kaufmännische Tätigkeiten interessiert! Jugendliche, die eine duale Ausbildung abgeschlossen haben, können ja später noch studieren.

Ohne Abitur?
Die Möglichkeit besteht, wenn die Interessenten Praxisjahre im erlernten Beruf nachweisen können und Hochschultests bestehen. Auf diesem Wege funktioniert die Durchlässigkeit im deutschen Bildungssystem hervorragend. Dennoch wünschen wir vom DIHK uns, dass die Bundesländer ihre individuellen Zugangsvoraussetzungen für Universitäten und Fachhochschulen bei Nichtakademikern etwas absenken und insgesamt transparenter gestalten würden.

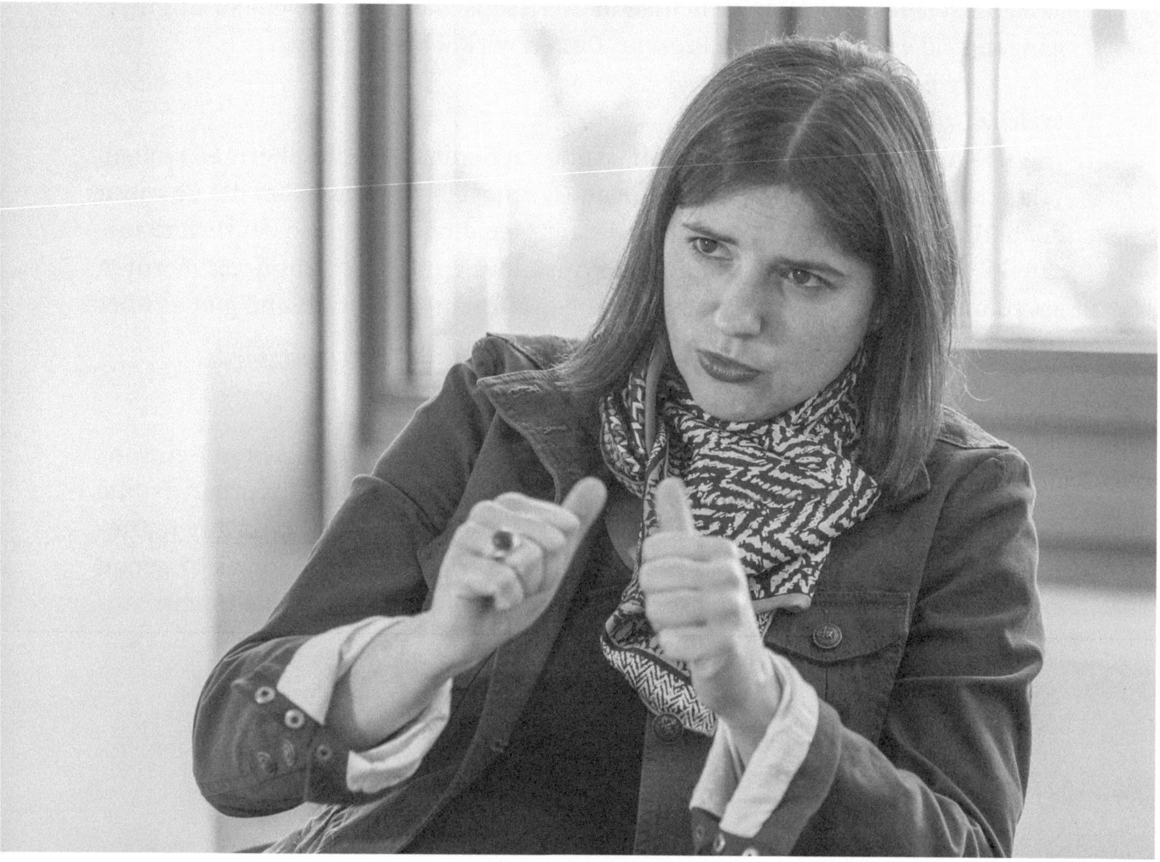

Wie durchlässig ist das System andersherum, also vom Studium in die Lehrausbildung?

Formal gesehen ist es unproblematisch. Jeder Student kann in eine Berufsausbildung wechseln, was insbesondere für Studienabbrecher eine interessante neue Perspektive sein kann.

Wo können die sich informieren?

Die regionalen Industrie- und Handelskammern bieten Beratungen an, in vielen Regionen gibt es hierzu spezielle Projekte. In Berlin zum Beispiel gibt es die Initiative „your turn" – mit Berufsschulklassen speziell für Studienabbrecher, die Immobilienkaufleute und Fachinformatiker für Systemintegration werden wollen. Wir sind beim Thema Studienabbrecher in engem Austausch mit der Bundesagentur für Arbeit, dem Bundesministerium für Bildung und Forschung sowie dem Bundeswirtschaftsministerium.

Wie viele Studenten brechen ihr Studium ab?

Rund 100.000 pro Jahrgang. Das entspricht einer Abbrecherquote von 28 Prozent über alle Bachelorstudienfächer hinweg. Die gehen komplett raus aus dem akademischen Bereich. In den ingenieurwissenschaftlichen Bachelor-Studiengängen sind es sogar rund 36 Prozent. Das ist wirklich enorm viel.

Welche Gründe sehen Sie dafür?

Viele junge Leute meinen, sie müssten studieren, weil die Eltern es wollen. Wie schon gesagt, wird insbesondere an Gymnasien zu wenig über die Chancen der beruflichen Bildung informiert. Hier müssen die Länder noch deutlich draufsatteln. Und wer behauptet, die duale Ausbildung mit ihren rund 340 Berufen sei zu unübersichtlich, muss sich vor Augen führen: In Deutschland gibt es über 16.000 verschiedene Hochschulabschlüsse!

Wie bitte?

Ich scherze nicht. Es sind tatsächlich über 16.000 Abschlüsse. Seit in Deutschland Ende der 1990er-Jahre die Bachelorstudiengänge eingeführt wurden, ist die Zahl regelrecht in die Höhe geschossen. Da blickt kaum noch jemand durch. Dieser Wirrwarr ist auch für die Arbeitgeber schwierig, weil die nicht mehr genau einschätzen können, was Hochschulabgänger können. Das deutsche Hochschulsystem droht total zu zerfransen.

Nochmal zurück zu den Studienabbrechern: Wissen Sie, wie alt die im Schnitt sind?

Dazu gibt es noch keine valide Zahl. Wir wissen allerdings, dass die meisten Abbrecher nach einem bis anderthalb Jahren die Hochschule aufgeben. Würden sie danach eine berufliche Ausbildung absolvieren, könnten sie dort in vielen Fällen zeitliche Verkürzungen in Anspruch nehmen. Dadurch würden sie unter dem Strich nur wenig Zeit verlieren.

Was heißt zeitliche Verkürzung?

Studienabbrecher können beispielsweise eine berufliche Ausbildung, die normalerweise drei Jahre dauert, bis auf 18 Monate verkürzen. Grundsätzlich dürfen dabei aber natürlich die gesetzlichen Mindestausbildungszeiten nicht unterschritten werden.

Kommen wir von der fachlichen Ausbildung zu den Soft Skills, also zum Sozialverhalten. Ist das wichtig für die Unternehmen?

Und ob! Wir führen jährlich eine bundesweite Ausbildungsumfrage bei rund 15.000 Unternehmen durch. 2014 stellten die Betriebe bei 50 Prozent der Jugendlichen sowohl fachliche Schwächen als auch Defizite beim Sozialverhalten fest. Allein das belegt, wie relevant dieses Thema ist.

Konkret: Welche Defizite im Sozialverhalten bemängeln die Unternehmen?

Vor allem mangelnde Zuverlässigkeit, Einsatzbereitschaft und Belastbarkeit. Fachliche Defizite sind für Firmen das kleinere Problem.

Es ist egal, wenn jemand seinen Job nicht kann?

Auszubildende sollen den ja erst lernen. Und wenn sie in Mathe oder Deutsch in der Schule nicht ganz so gut waren, lässt sich das durch Nachhilfe im Betrieb noch ganz gut auffangen. Aber Sozialkompetenzen? Die eignen sich Menschen viel schwerer an – und zwar zunehmend schwerer mit steigendem Alter. Und jetzt die gute Nachricht: Umgekehrt bedeutet das, dass junge Leute, die in der Schule die eine oder andere Schwäche hatten, im Job aber engagiert und motiviert sind, heute gute Chancen auf einen Ausbildungsplatz haben. In Richtung Schule formuliert: Wenn Lehrer ihren Schülern die Relevanz von sozialen Kompetenzen und persönlichem Engagement begreiflich machen, eröffnen sie ihnen echte Chancen. Es gibt sehr interessante Initiativen, die den Schulen dabei zur Seite stehen.

Werben Sie hier mal dafür.

Eine ist die Bildungsketten-Initiative des Bildungs- und Forschungsministeriums. Sie startet bereits in der siebten Klasse mit einer Kompetenzanalyse, die über Jahre fortgeführt wird und idealerweise in Praktika beispielsweise in Unternehmen mündet, die bestmöglich zu den individuellen Kompetenzen der Schülerinnen und Schüler passen.

Sind Sie zufrieden mit dem Berufsorientierungsengagement der Schulen in Deutschland?

Das nun wieder nicht, denn sie sind aus Sicht des DIHK zu inputorientiert.

Soll heißen?

Die Schulen arbeiten vor allem starre Stundenpläne ab.

Ihr Gegenvorschlag?

Es wäre besser, wenn sie outputorientiert vorgingen. Die Lehrer müssten überlegen, was Schüler am Ende einer Klassenstufe können müssen. Die Wege zum Ziel sollten Lehrer flexibler als bisher gemeinhin üblich gestalten.

Diese Idee bedarf individueller Lehrpläne.

Eher flexibler Lehrer. Das ist doch vor allem eine Frage der pädagogischen Kompetenz und speziell in diesem Fall der individuellen Begleitung der Schülerinnen und Schüler bei der Berufswahl. Es gibt viel Nachholbedarf auf Seiten der Schulen, Reformen flexibel und eigenverantwortlich umzusetzen. Dies belegt die Kritik von Eltern und Bildungsexperten daran, wie die Schulen das Abitur nach acht Schuljahren umgesetzt haben – nämlich in vielen Fällen schlecht! Manche Schulen haben nach den Vorgaben der Ministerien schlichtweg die gleiche Wochenstundenzahl in acht statt vorher neun Jahre gepresst. Völlig klar, dass sehr viele Schüler überfordert sind. Es gab und gibt aber Schulen, an denen die Umsetzung gelang, ein Zeichen, dass man sich immer die jeweilige Situation vor Ort anschauen und Mut haben muss, auch ungewöhnliche Wege zu gehen.

Lehrer sind selten wirtschaftsaffin. Lässt sich das ändern?

Wir versuchen es.

Wie?

Die Industrie- und Handelskammern bieten Praktika für Lehrer an. Sie können in Betrieben mitarbeiten, um vor Ort zu sehen, welche Fähigkeiten verschiedene Lehrberufe erfordern und wie die Firmen Schulabgänger ausbilden.

Nehmen Lehrer Ihr Angebot an?

Leider ist die Nachfrage nach solchen Praktika bei den Lehrkräften bisher nicht allzu groß. Da ist noch viel Luft nach oben.

Gibt es in Schulen berufsorientierte Initiativen speziell für problematische Jugendliche?

Einige. Besonders interessant finde ich den Senior-Expert-Service, SES genannt. Da wollen Pensionäre ehrenamtlich eine begleitende Rolle für Jugendliche und Auszubildende übernehmen. Sie werden dafür geschult und begleiten schwächere oder benachteiligte Jugendliche beim Einstieg in die Ausbildung. Da wirken oft wahnsinnig engagierte Menschen mit. Für manche Jugendliche sind sie fast ein Familienersatz, der sie davor bewahrt, auch persönlich in schwierige Situationen zu geraten.

Bekommen schwierige Jugendliche eher in größeren oder eher in kleineren Unternehmen eine Chance?

In beiden. Viele Konzerne beschäftigen mittlerweile Sozialarbeiter und Sozialtherapeuten, die sich um Auszubildende kümmern. Die Kosten dafür sind für kleinere Bertriebe meist zu hoch. Deshalb müssen wir gemeinsam mit der Politik überlegen, wie wir hier die kleinen Unternehmen mehr unterstützen können.

Mehr? Das heißt, Sie unterstützen die kleinen Unternehmen bereits?

Ja. Es gibt zum Beispiel das Projekt „Stark für Ausbildung" von uns und dem Handwerk, unterstützt vom Bundesministerium für Wirtschaft, in dem wir Schulungsmaterial für Ausbilder erstellen, um sie fit für den Umgang mit schwierigen Jugendlichen zu machen. Dabei geht es vor allem um Schulden, Alkohol und Probleme in der Familie.

Haben Unternehmen heute mehr Probleme mit jungen Berufsschulabsolventen als früher?

Wir glauben, ja.

Ein Grund dafür?
Allein schon aus demografischen Gründen öffnen sich kleine Unternehmen heute viel mehr den Leistungsschwächeren als früher.

Deren Chancen dadurch folglich besser denn je sind.
Genauso ist es. Deshalb sagt der DIHK ganz klar: Das staatliche Übergangssystem, in dem Jugendliche geparkt werden, die angeblich keinen Ausbildungsplatz finden, muss dringend verkleinert werden. Die Zahl der freien Ausbildungsplätze steigt schließlich von Jahr zu Jahr. Zuletzt waren es allein im Bereich der IHKs 80.000! Viele Jugendliche könnten zum Beispiel eine zweijährige Ausbildung beginnen, anstatt eine teure Qualifikationsmaßnahme zu absolvieren.

Was stört Sie an diesen Maßnahmen?
Sie haben mit betrieblicher Realität oft wenig zu tun. Rund 260.000 Jugendliche lernen zurzeit in solchen fast ausschließlich schulischen Maßnahmen. Der DIHK hat errechnet, dass mindestens 100.000 dieser Jugendlichen direkt eine betriebliche Ausbildung beginnen könnten. Diesen jungen Leuten sollten die Arbeitsagenturen deutlich sagen: Kümmere dich, nerve alle verfügbaren Ansprechpartner, gehe beispielsweise zur IHK und sage, du willst einen Ausbildungsplatz. Jeder, der heutzutage einen Ausbildungsplatz will, wird einen finden.

Was ist für Sie persönlich bei neuen Mitarbeitern wichtiger: fachliche Eignung oder persönliches Engagement?
Wenn wir beim DIHK zum Beispiel einen Juristen suchten, müsste er natürlich Jurist sein, sonst könnte er seine Arbeit nicht machen. Es gibt aber auch Tätigkeiten, die keine spezielle Hochschul- oder Berufsausbildung erfordern. Wenn mir da ein Bewerber unterkäme, der fachlich top wäre, aber keine richtige Lust zu haben scheint, nähme ich lieber jemanden, der total engagiert ist – selbst wenn wir ihn fachlich nachbilden müssen.

Was halten Sie von anonymisierten Onlinebewerbungen?
Diese Art sehen wir kritisch, obwohl dadurch Diskriminierung vermieden werden soll. Problematisch ist, dass sich Personalverantwortliche durch die Anonymisierung kein umfassendes Bild von Bewerbern machen können. Das kann bedeuten, dass ein Unternehmer 60 Bewerber einladen muss – statt 20 auf dem klassischen Weg.

Was natürlich Zeit und Geld kostet.

Für beide Seiten! Bewerber müssen ja zum Gespräch fahren, obwohl die Dinge, an denen die Einstellung später scheitert, auf dem klassischen Bewerbungsweg vielleicht vorher geklärt werden könnten. Letztlich muss jedes Unternehmen selbst entscheiden, ob es einen solchen Aufwand betreiben will.

Ein Vorurteil lautet, in sogenannten zupackenden Berufen – Umzugshelfer et cetera – würden Auszubildende oft ausgebeutet. Und langweilig seien solche Berufe obendrein. Was ist da dran?

Ich habe fünf Kollegen beim DIHK, die an der Ausarbeitung von Berufsbildern beteiligt sind. Die würden bei dieser Frage in die Luft gehen.

So schlimm?

Im Ernst: Viele Menschen genießen es, handfest zu arbeiten, etwas herzustellen, zu reparieren oder sich physisch zu bewegen. Außerdem gibt es jede Menge Berufe, in denen die körperliche Belastung eher gering ist, nehmen sie etwa die Kaufleute für Büromanagement – mit über 80.000 Auszubildenden der zahlenmäßig größte Ausbildungsberuf. Was Ausbeutung angeht: Es mag schwarze Schafe geben. Aber unser Berufsbildungsgesetz und die Ausbildungsordnungen schützen Jugendliche in aller Regel vor schlimmen Bedingungen. Übrigens, zum Stichwort Umzugshelfer: Die Fachkraft für Möbel-, Küchen- und Umzugsservice ist seit 2006 ein staatlich anerkannter Ausbildungsberuf.

Wie lange dauert die Ausbildung?

Drei Jahre. Da werden zum Beispiel ergonomische Tragetechniken vermittelt. Die Fachkräfte sollen eben nicht zum Schuften missbraucht und nach fünf Jahren verschlissen sein, sondern auch nach 40 Jahren noch mit geradem Rücken laufen können. Ausbildungsberufe in Deutschland entstehen in einem geordneten Prozess, an dem Vertreter der Gewerkschaften, Arbeitgeber und der Politik beteiligt sind, die sich über sein Profil, die Ausbildungs-, Prüfungs- und die Arbeitsbedingungen einig sein müssen.

Wie lange dauern solche Prozesse?

Das kann im Idealfall ein Jahr dauern, aber auch zwei, drei oder vier. Hier geht Genauigkeit und Qualität vor Schnelligkeit. Schließlich sollen die Ausbildungsinhalte die nächsten 10, 15 Jahre Gültigkeit besitzen und nicht jedem Trend „hinterherhecheln". Die Beratungen über einen neuen Beruf werden so lange fortgesetzt, bis alle sich Beteiligten einig sind. Zugegeben: Das ist manchmal etwas mühsam, doch nur so erreichen wir bei allen eine hohe Akzeptanz des Ausbildungsberufes. Niemand kann sagen, das habe er so oder so nicht gewollt. Alle haben sich für den Beruf – wie er dann ist – ausgesprochen.

Und jetzt haben Sie noch einen Wunsch frei.
Ich wünsche mir, dass die berufliche Bildung in der gesellschaftlichen Wahrnehmung den hohen Stellenwert erfährt, den sie verdient!

Frau Hartwich, vielen Dank für das Gespräch.

2.3

THOMAS SATTELBERGER
über ignorante Hochschulen,
eitle Bildungsbürger, cremigen Habitus,
bequeme Personaler und
verschenkte Potenziale

Wer die berufliche Vita von Thomas Sattelberger ab seinem 26. Lebensjahr verfolgt, sieht zunächst einen Mainstream-Topmanager, der seit mehr als vier Jahrzehnten im Personalwesen schafft. Gestartet ist der Schwabe 1975 im Fortbildungsbereich von Daimler-Benz, 1994 heuerte er bei der Fluggesellschaft Lufthansa als Leiter Personalentwicklung an, 2003 wechselte er als Personalvorstand zum Automobilzulieferer Continental und 2007 in gleicher Funktion zur 250.000 Mitarbeiter großen Deutschen Telekom, wo er sich 2012 in den Unruhestand verabschiedete.

Um zu erahnen, wie der 1949 in Munderkingen geborene Sattelberger tickt, lohnt ein Exkurs in seine Jugend: Als Oberschüler engagierte er sich bei der linksgerichteten Außerparlamentarische Opposition (APO) und gehörte zu den führenden Mitgliedern des Kommunistischen Arbeiterbundes Deutschlands (heute MLPD). Dort trat der kritische Geist 1972 aus, weil ein Ausschlussverfahren gegen ihn eingeleitet worden war. Grund: Sattelberger konnte gut mit dem bei Kommunisten ungeliebten APO-Streiter Joschka Fischer, der später unter anderem Grünen-Chef und dann Bundesaußenminister wurde.

Revoluzzer Sattelberger mäßigte sich bald und begann eine duale Ausbildung bei Daimler-Benz, die er 1975 als Industriekaufmann und Diplom-Betriebswirt abschloss. Fortan entwickelte er sich zu einem der mächtigsten und innovativsten Personalentwickler Deutschlands.

Noch immer drückt Sattelberger der deutschen Personalwirtschaft seinen Stempel auf, beispielsweise in Personalentwicklungs- und Bildungsinitiativen wie MINT Zukunft e. V. (MINT: Mathematik, Informatik, Naturwissenschaften, Technik), HR Alliance und Neue Qualität der Arbeit. Im Interview spricht der Klartexter seinem Berufsstand und anderen Ständen ein unrühmliches Zeugnis aus.

THOMAS SATTELBERGER

»Der Begriff ›höhere‹ Bildung stammt aus einer Zeit, in der es auch ›höhere‹ Töchter gab – und ist genauso elitär, falsch und abgehoben.«

Herr Sattelberger, die Studienanfängerquote unter den Schulabgängern ist hierzulande in den vergangenen 15 Jahren um drei Viertel auf bald 60 Prozent gestiegen. Politiker finden das super. Und Sie?

Thomas Sattelberger: Kommt drauf an. Bildung ist zwar ein Schlüsselthema der Zukunft, mit dem sich die Politik profilieren will. Aber die Zahlen alleine beweisen noch gar nichts.

Worauf kommt's an?

Auf das, was hinter den Zahlen steckt. Schaffen es mehr Arbeiterkinder an die Hochschulen? Das klappt nach wie vor schlecht. Wie entstehen Studienabbrecher-Quoten von je nach Studienfach 30 bis 50 Prozent? Manche Unis produzieren ja gnadenlos Bildungsverlierer. Wie praxistauglich ist die akademische Ausbildung? Und, und, und.

Was steckt hinter den hohen Studienabbrecherquoten?

Zum Beispiel, dass viele Jugendliche zu wenig Hilfe erhalten, aber auch zu wenig darüber nachdenken, welche Studiengänge ihnen wirklich liegen – also schlechte Berufsberatung und kaum individuelle Betreuung. Zudem ist die hochgradig theoretische Lehre problematisch. Studierende an technischen Hochschulen bekommen ja über Semester hinweg keine Maschine zu sehen.

Diese Kritik ist schon alt.

Eben, umso schlimmer! Gerade die Universitäten interessieren sich nicht dafür, wie sie gesellschaftlichen Veränderungen gerecht werden können, sondern beharren darauf, dass die Studentinnen und Studenten sich ihren Standards anpassen. Und wer die Standards nicht trifft, fällt durchs Raster. Dies trifft übrigens vor allem junge Leute aus Arbeiter- und Migrantenfamilien. Viele Hochschulen setzen nicht auf Potenzialentfaltung, sondern auf frühe Auswahl.

Obwohl viele Professoren selbst aus Arbeiterfamilien und aus dem Ausland kommen?
So ist es vor allem in den MINT-Disziplinen – und oft haben sie erst über den zweiten oder dritten Bildungsweg Karriere gemacht. Da passiert etwas ganz Verrücktes. Die bauen das elitärste System auf, das man sich vorstellen kann. In der Gefängniszelle, der sie entkommen sind, landen nun viele jener Studenten, die sie früh aus dem System selektiert haben.

Dieses Buch heißt „Karriere ohne Studium". Sie scheinen da ziemlich pessimistisch zu sein.
Auch wenn ich die Leser jetzt enttäusche: Ich weiß zwar, dass manche Nichtakademiker als „Leuchttürme" glänzende Karrieren hinlegen können. Aber die große Masse bleibt so lange grau, so lange bereits in den Schulen und dann in den Hochschulen viel zu früh selektiert wird, so lange in Bewerberauswahlverfahren nach Habitus entschieden wird, so lange in berufliche und akademische Bildung ein Klassenunterschied hinein interpretiert wird und so lange Karrieresysteme der Wirtschaft sowie der öffentlichen Verwaltung akademisiert bleiben.

Wie sehen Sie die Auswahlverfahren für die Berufsausbildung?
Dort tut sich immerhin etwas. Zum Beispiel werden Auswahlverfahren und Betreuungskonzepte modifiziert, um selbst jungen Leuten, die bisher abgelehnt worden wären, eine Ausbildung zu ermöglichen. Unternehmen verlassen sich immer weniger auf Noten und Zeugnisse, sondern besinnen sich früh, Potenziale und persönliche Stärken zu entdecken.

Sie klingen dennoch unzufrieden.
Weil in zu vielen deutschen Berufsausbildungsabteilungen noch diese Deckelchen-auf-Töpfchen-Politik vorherrscht, bei der junge Leute, die nicht von vorn herein passend für ihren Ausbildungswunsch erscheinen, aussortiert werden. Dabei haben die Aussortierten häufig so wunderbare Eigenschaften wie Lebensfreude, Überlebenswillen und Frustrationstoleranz.

Diese Erkenntnis ist sogar bis in Ihr Telekom-Vorstandsbüro vorgedrungen?
Sicher. Die Tür stand ja offen. Bei der Deutschen Telekom haben wir beispielsweise während meiner Zeit von 2009 bis 2012 zusätzlich zu unseren üblichen Einstellungen von 3.500 bis 4.000 Menschen pro Jahr fast 800 Harz-IV-Jugendliche eingestellt – leseschwache, schreibschwache, enttäuschte oder perspektivlose Menschen, teils ohne Schulabschluss, und dies aus guten und schlechten Gründen.

THOMAS SATTELBERGER

Was sind gute und schlechte Gründe dafür, den Schulabschluss zu verpassen?
Ein guter Grund ist zum Beispiel, wenn jemand jahrelang Pizza ausgefahren hat, um seine junge Familie zu versorgen. Ein schlechter Grund ist, wenn jemand nur das Geld heute statt die Zukunft betrachtet. Bei der Telekom wollten wir den jungen Leuten neue Perspektiven aufzeigen. Aber nicht auf Sonderwegen, sondern quasi inklusiv in regulären Ausbildungsgängen. Am Ende des ersten Lehrjahres hat sich entschieden, wer ins zweite Ausbildungsjahr vorrücken konnte, wer das erste Jahr wiederholen sollte oder wer für eine Berufsausbildung wirklich nicht in Frage kam.

Wie waren die Quoten?
Nur 20 Prozent haben uns verlassen. Zehn Prozent wiederholten das erste Ausbildungsjahr und 70 Prozent gingen ins zweite Jahr. 80 Prozent Erfolgsquote! Das war überragend und überraschend.

Was unterschied die erfolgreichen Auszubildenden von den anderen?
Die haben bewusst gesagt: Ich will noch etwas aus mir machen. Ich packe das! Ich will meine Zukunft neu bauen.

Woran sind die anderen gescheitert?
Die Telekom hat allemal nur wenige Prozent, die scheitern. Und aus dieser Gruppe sind manche zum Beispiel daran gescheitert, dass sie mal zwölf Uhr, mal neun Uhr oder mal elf Uhr zur Ausbildung kamen, statt pünktlich um Acht. Ein Unternehmen lebt aber davon, dass seine Beschäftigten gemeinsame Regeln praktizieren! Oder einige haben trotz pädagogischer Hilfestellungen immer wieder den Konflikt mit Kolleginnen, Kollegen und Auszubildenden gesucht.

Unpünktlichkeit, Konflikte suchen – was gab es in dieser Richtung noch?
Ein anderes Problem war: Einige wussten schlicht nicht, was sie wollen. Die hatten gerade mal fünf der weit über 300 Ausbildungsberufe im Kopf und kaum Vorstellungen davon, welche Tätigkeiten hinter den Begriffen stecken: Also was ist ein Heizungsmonteur? Dahinter steckt eine ganze technische Welt! Aber nur, weil der Begriff ein bisschen altmodisch klingt, wird er abgelehnt. Junge Leute brauchen unbedingt eine bessere Berufsorientierungskompetenz. Girl's Days, Boy's Days, Schnupperpraktika und ein Berufsberater-Vortrag im Jahr sind zu wenig.

THOMAS SATTELBERGER

Was ist zu tun?

Das Thema muss in der heißen Orientierungsphase als eigenes Fach in den Schulunterricht eingewoben oder in jedes Fach integriert werden. Jugendliche müssen Berufe mit den fünf Sinnen wahrnehmen und inspiriert und motiviert werden. Sonst bekommen sie Bildungsfrust statt Lust. Und Lehrer und Eltern müssen natürlich ebenfalls kundig sein.

Was halten Sie vom Begriff „höhere" Bildung?

Gar nichts! Der stammt aus einer Zeit, in der es auch „höhere" Töchter gab – und ist genauso elitär, falsch und abgehoben. Er suggeriert, die akademische Ausbildung sei mehr wert als berufliche Bildung. Doch Bildung ist heutzutage nicht hierarchisch, sondern von der Kompetenz, dem Können her definiert. Der soziale Status wird von den Eitlen lediglich hinein interpretiert. Das ist in Deutschland und Österreich leider besonders ausgeprägt – ganz anders als im angelsächsischen oder skandinavischen Raum.

Für Sie sind akademische und nichtakademische Ausbildung gleich viel wert?

Für mich kann zum Beispiel ein Mechatroniker genauso kompetent sein wie ein Bachelor, auch wenn der offizielle Qualifikationsrahmen sagt, dass erst der Meister Bachelorstatus verdient. Schließlich können beruflich Ausgebildete in Deutschland studieren und umgekehrt Studenten, die ihr Studium abbrechen, absolvierte Semester auf eine Berufsausbildung anrechnen lassen.

Diese Durchlässigkeit in beide Richtungen ist wichtig?

Extrem wichtig! Sie wird aber behindert, wenn wir von „höherer" Bildung reden. Denn diese Begrifflichkeit impliziert, berufliche Bildung sei niedere Bildung. Dies wiederum suggeriert Auf- oder Abstieg. Nein, das wird dem wahren Wert der Berufsausbildungen nicht gerecht.

Ihr Lösungsvorschlag?

Ich rate, viel weniger auf formale Abschlüsse und mehr auf soziale und fachliche Kompetenz zu achten.

Unterscheiden sich Akademiker und Nichtakademiker mit Blick auf die Soft Skills?

Meine Wahrnehmung ist: Menschen mit abgeschlossener Berufsausbildung haben häufig eine höhere soziale Kompetenz als pure Akademiker. Das gilt vor allem für die Teamorientierung.

Wie kommen Sie darauf?
Die soziale Interaktion ist in der Berufsausbildung sehr viel intensiver als im Studium. Auszubildende, zumindest in mittleren und größeren Unternehmen, praktizieren ja Teamarbeit viel häufiger als Studenten. Zweitens, und jetzt lehne ich mich gerne weit aus dem Fenster, haben Nichtakademiker oft ein besseres Gefühl dafür, was fair und gerecht ist, als relativ elitär sozialisierte Akademiker.

In den meisten Stellenanzeigen stehen Schlagworte wie Teamorientierung, Kommunikationsgeschick, Selbstbewusstsein, Kreativität und so weiter. Was die Begriffe bedeuten sollen, bleibt unklar. Was denken sich Personaler dabei?
Nichts.

Nichts?
Das sind zuerst mal Worthülsen.

Weil die Fähigkeiten vorausgesetzt werden?
Mitunter, ohne dass sich die Personalabteilung näher damit auseinandergesetzt hat. Das sind oft nur normierte Stereotype, die den Bewerbern nichts bringen, da sie in fast jeder Anzeige stehen.

Warum stehen sie dann in Stellenanzeigen?
Die sind halt schnell hineingeschrieben. Pure Bequemlichkeit! Interessant sind präzisierende Anzeigen. Wenn ich in einer Stellenanzeige beschreibe, dass die Aufgabe mit anderen Kulturen zu tun hat, interkulturelle Kompetenz erfordert, internationale Reisen beinhaltet, Bewerber zeitlich flexibel und sehr gut Englisch sprechen müssen, dann bringt das was. Dann bekomme ich nämlich nur Post von geeigneten Bewerbern. Anders ist es, wenn ich Berufsanfänger suche. Da sind Neugierde und Lernlust das A und O.

Was denken Sie, wenn Sie Selbstbewusstsein und Selbstsicherheit von Akademikern und Nichtakademikern vergleichen?
Jetzt reden wir über Habitus ...

Äußerlichkeiten wie Auftreten und Umgangsformen?
Und über normierte Lebensverläufe. Habitus hat auf jeden Fall nichts mit sozialer oder fachlicher Kompetenz zu tun, sondern mit dem Stil und mit dem Selbst-

verständnis, das sich Menschen im Laufe ihres Sozialisationsprozesses einprägt. Habitus ist wie eine Creme, die in die Haut einzieht.

Wie relevant ist diese Creme für die berufliche Entwicklung?
Es gibt Personalverantwortliche, die in Bewerberauswahlverfahren sehr genau darauf achten, ob die Schuhe der Kandidaten nicht nur im Bereich des Leders, sondern sogar an der Leiste zur Sohle geputzt sind. Und so etwas lernt ein Arbeiterkind normalerweise nicht.

Das Arbeiterkind würde fragen: Was soll der Blödsinn?
Mit Recht! Genau darum geht es. Personalverantwortliche entscheiden zu oft nach Habitus.

Es werden quasi Bewerber wegen ungeputzter Schuhsohlen abgelehnt?
So sagen Entscheider es natürlich nicht. Manche nehmen ihre Vorurteile nicht einmal wahr. Es ist aber wissenschaftlich erwiesen, dass Menschen eher zu Menschen neigen, die ihnen ähnlich sind. Und da Führungskräfte oft aus Akademikerfamilien stammende Akademiker sind, bevorzugen sie ihresgleichen. Da ähneln wir der indischen Kastengesellschaft.

Sie sprachen soeben auch von normierten Lebensverläufen.
Es gibt Personalverantwortliche, die Lebensläufe danach untersuchen, ob sie ihrem eigenen normierten, erlebten, erwünschten Lebenslauf entsprechen, ohne den Menschen dahinter zu sehen.

Bei der Deutschen Telekom haben Sie unter Vorstandschef René Obermann, einem Studienabbrecher, gearbeitet. War er anders als „normierte" Topmanager?
Obermann hat allerdings eine Ausbildung zum Industriekaufmann abgeschlossen und sein Studium nur geschmissen, weil er eine gut laufende Firma hatte. Aber ja, er ist anders.

Wie denn?
Zum Beispiel hat er Diversität, also Vielfalt, rekrutiert und traf dabei mutige Personalentscheidungen. Da schließe ich mich als Personalvorstand ausdrücklich ein. Außerdem misstraute René Obermann substanzlosem Geplapper, auch, wenn es eloquent vorgetragen wurde.

Wo, außer in geputzten Schuhsohlen, Lebensläufen und Eloquenz, äußert sich Habitus noch?

In Tischsitten, bildungsbürgerlicher Konversation und vielen Facetten vorteilhafter Selbstdarstellung. Da können Arbeiterkinder häufig nicht mithalten. Das nagt an ihrer Selbstsicherheit, wenn sie unter Akademikern sind.

Lässt sich Habitus erlernen?

Ja, mit dem Risiko, es zu übertreiben. Ich schätze es mehr, wenn Unternehmenskulturen offener für Unterschiede werden.

Bleiben wir bei den Personalabteilungen: Wie fördern sie die berufliche Entwicklung von Nichtakademikern?

Wie ich eingangs schon sagte: Da muss ich etwas enttäuschen. In der Wirtschaft, und noch stärker in der öffentlichen Verwaltung, werden bei Aufstiegsmöglichkeiten in zwei von drei Fällen Akademiker vorgezogen. Und je höher es nach oben geht, umso mehr. Vor einiger Zeit ist Presseberichten zufolge der letzte Nichtakademiker aus den Vorstandsriegen der DAX-30-Unternehmen ausgeschieden.

Vorhin hatten Sie Ihren Pessimismus mit den Selektionskriterien an Schulen und Universitäten begründet. Gilt der für Unternehmen genauso?

Je größer die Unternehmen sind, desto mehr konzentrieren sie sich auf Führungsnachwuchs. Und die haben in größeren Unternehmen normalerweise einen akademischen Abschluss. Mitarbeiter mit qualifiziertem Berufsabschluss stehen oft auf dem Hinterhof der Personalentwicklung. Da wird jede Menge unternehmerisches Potenzial verschenkt und die persönliche Entwicklung von Menschen blockiert.

Offensichtlich können die Unternehmen sich das leisten.

Angesichts des aufkommenden Fachkräftemangels in Deutschland ist die Frage: Wie lange noch? Deshalb appelliere ich – wenn ich für die Berufsbildung, also auch für Techniker und Meister werbe – zugleich an die Arbeitgeber, leistungsstarke Nichtakademiker ihrer hohen Kompetenz wegen entsprechend zu bezahlen und ihnen endlich wieder mehr innerbetriebliche Karrierewege zu eröffnen. Raus aus dem Hinterhof und rein in den Salon!

Wer hat den Schlüssel für den Salon?

Natürlich Führungskräfte und Personalabteilungen. Es fängt schon an der Basis an. Bei der Deutschen Telekom hatten zum Beispiel technische Monteure lange Zeit kaum Karrieremöglichkeiten. Na gut, ein paar hatten den Durchbruch geschafft, aber hier reden wir über äußerst seltene Exemplare. Deshalb habe ich im Jahr 2007 die sogenannten Servicekarrieren eingeführt. Bis 2012 haben wir fast 2.000 der 20.000 Monteure innerbetrieblich zu Systemmonteuren mit Vertriebskompetenz weiterentwickelt. So kann ein Schlüssel aussehen. Oder wir haben in einem Großprojekt über 1.000 Facharbeitern und Fachangestellten die Möglichkeit des berufsbegleitenden Studiums zum Bachelor oder zum Master gegeben.

Solche Aktionen kosten Unternehmen viel Geld. Warum haben Sie die Fortbildung trotzdem innerbetrieblich organisiert?
Weil erstens Ausbildungsanbieter relativ lange brauchen, um sich auf neue Markterfordernisse einzustellen. Zum zweiten, weil ich in der persönlichen und beruflichen Weiterentwicklung den Schlüssel für die Zufriedenheit der Menschen und für die Leistungskraft von Unternehmen sehe.

Erzählen Sie mal etwas über langsame Ausbildungsanbieter.
Was habe ich mir als Personalchef beim Autozulieferer Continental die Hacken wund gelaufen, bis ich eine IHK gefunden habe, die ungelernte Arbeiter aus unseren deutschen Reifenfabriken zur Fachkraft für Kunststoff- und Kautschuktechnologie ausbildete! Oder bei der Lufthansa, wo ich auch mal Personalchef war: Da wollen junge Leute ohne Bildungsabschluss als Flugbegleiter die große, weite Welt sehen. Nach einigen Jahren sind viele müde und zynisch und sehen sich nur noch als Service-Schubsen. Für die haben wir die berufsbegleitende Ausbildung zum Servicekaufmann im Luftverkehr entwickelt und neue Karrierewege im Kabinenservice geschaffen. Damit öffneten sich ihnen neue Türen im gesamten Dienstleistungssektor. Deutsche Unternehmen engagieren sich in der Fortbildung von Mitarbeitern aber immer noch viel zu wenig.

Holen die Unternehmen dieses Defizit demnächst auf, weil sie händeringend Fachkräfte suchen?
Hoffentlich. Bislang entfacht der Fachkräftemangel auf einigen Feldern mehr einen Verdrängungswettbewerb als ressourcenorientierte Potenzialentwicklung.

Wer verdrängt wen?
Die großen Konzerne versuchen, dem Mittelstand gute Leute wegzuschnappen – und der Mittelstand dem Handwerk. Dadurch kommen vor allem Handwerks-

betriebe massiv unter Zugzwang. Und da vor allem im MINT-Bereich. Ansonsten auch in der Pflege- und Gesundheitsbranche.

Das klingt nach guten Chancen für schlechte Schüler und Studienabbrecher.
Für Jobs auf der ausführenden Ebene schon. Aus wirtschaftlicher Sicht ist es allerdings bedauerlich, dass Betriebe und Wirtschaftsverbände erst auf den Fachkräftemangel reagieren, wenn ihnen das Wasser bis zum Halse steht. Und jetzt will ich noch etwas ganz anderes sagen: Die Frage ist doch, ob ich Nichtakademiker nur fördere, weil mir ansonsten der Fachkräftemangel womöglich den Garaus macht, oder ob ich es aus einer grundsätzlichen Haltung heraus mache.

Wie lautet Ihre Antwort?
Personalentwicklung sollte nicht zyklisch betrieben werden! Wenn Unternehmen sich einmal Personalentwicklung auf die Fahnen schreiben, dann müssen sie immer – durch Höhen und Tiefen hindurch – Personalentwicklung machen! Fachkräftemangel hin oder her. So jedenfalls habe ich es immer gehalten.

Sie haben allerdings auch Fabriken geschlossen.
Natürlich! Da haben im Einzelfall die betriebswirtschaftliche Zwänge gewonnen. Wenn ein Werk dauerhaft unwirtschaftlich ist, gibt es wenig andere Möglichkeiten.

Welches Standing haben Personalchefs in Unternehmen, Herr Sattelberger?
Viele haben weniger Einfluss als andere Topmanager.

Warum?
Weil sie mehr als Neigungs- denn als Leistungsmanager gelten, häufig Frauen den Job machen ...

Was hat das damit zu tun?
Frauen werden von vielen Männern in Führungspositionen für weniger leistungsfähig gehalten. Also alles in allem erodiert die Wertigkeit der hoch komplexen und sehr strategischen Personalentwicklung seit Jahr und Tag.

Die meisten Topmanager betonen seit Jahr und Tag, welch hohen Stellenwert sie der Personalentwicklung geben.
Die Vorstellungen davon, was „hoch" bedeutet, differieren deutlich. Die meis-

ten Unternehmen machen viel für den Management-Nachwuchs und ansonsten gerade so viel, um ihr Geschäft am Laufen zu halten und sich nach außen gut darstellen zu können. Hier müssen alle klugen Köpfe gegensteuern.

Herr Sattelberger, vielen Dank für das Gespräch.

2.4

HEINZ SCHULER

über das »Aus« in der Bildung, soziale Abgrenzung, täuschende Statussymbole, politischen Irrsinn, positives Denken und nützliche Selbstkritik

Heinz Schuler, geboren 1945 in Wien, ist Berufsprofiler. Seit 40 Jahren beschäftigt ihn, wie Menschen ihren optimalen Berufsweg finden und Personaler unterschiedlichste Arbeitsplätze bestmöglich besetzen. Konkreter: wie Jobanforderungen mit dem Wissen, den Kompetenzen, den kognitiven Fähigkeiten, den Verhaltensstärken und der beruflichen Motivation von Bewerbern zusammenpassen. Schuler ist als Eignungsdiagnostiker das, was man gemeinhin Koryphäe nennt.

Von 1965 bis 1970 studierte er Psychologie und Philosophie in München, promovierte 1973 an der Universität Augsburg und habilitierte dort fünf Jahre später. 1982 bis 2010 hatte er den Lehrstuhl für Psychologie der Universität Hohenheim in Stuttgart inne. Hier etablierte er sich als Pionier der Berufseignungsdiagnostik und Leistungsforschung mit den Anwendungsbereichen Berufsberatung, Personalauswahl und Leistungsbeurteilung. Er veröffentlichte über 30 Bücher und hunderte Aufsätze, gab Fachzeitschriften und Buchreihen heraus und entwickelte Testverfahren, die in bis zu 20 Sprachen übertragen wurden. Die Zeitschrift Personalwirtschaft zählte ihn mehr als zehn Jahre lang zu den führenden Köpfen des Personalwesens in Deutschland. Seine neueste Veröffentlichung erschien 2014: eine Neuauflage seines Standardwerks „Psychologische Personalauswahl: Eignungsdiagnostik für Personalentscheidungen und Berufsberatung".

Im Interview schüttelt Schuler den Kopf darüber, dass deutsche Politiker einen Zeitgeist etablieren, der ungeeignete Schulabgänger in Hochschulen treibt, der das akademische Niveau senkt, der mehr Schein als Sein fördert und der das Berufsausbildungssystem Deutschlands in Frage stellt. Er erklärt außerdem, warum Personaler das Potenzial von Nichtakademikern verschenken und rät Berufsschulabsolventen, mehr Eigenverantwortung für ihre berufliche Laufbahn zu übernehmen.

HEINZ SCHULER

» In ihren sozialen Kompetenzen unterscheiden sich Akademiker und Nichtakademiker kaum.«

Herr Schuler, in Deutschland beginnen mittlerweile weit mehr als die Hälfte der Schulabgänger ein Hochschulstudium. Und die Politik will noch mehr. Was denken Sie darüber?

Heinz Schuler: Es gibt viele Wege zum beruflichen Erfolg. Ein Studium ist nur einer davon. Es gibt schließlich auch unzufriedene, schlecht bezahlte und arbeitslose Akademiker.

Woran kann das liegen?

Ich betrachte berufliche Karrieren durch die Brille des Eignungsdiagnostikers, als der ich mich mein Berufsleben lang sozusagen mit der Prävention des Scheiterns befasst habe. Ein Grund des Scheiterns kann sein, dass jemand einfach schlecht ist in seinem Beruf – und die Ursache dafür wiederum, dass er ungeeignet für seinen Job ist. Ich glaube, sehr viele der heutigen Studentinnen und Studenten wären auf einer Berufsschule besser aufgehoben als in einem Hochschulhörsaal.

Weil ...?

... sie besser für eine praktische Ausbildung geeignet sind als für ihren Studiengang oder grundsätzlich für eine akademische Ausbildung. Bildungspolitiker schlagen nicht umsonst Alarm wegen zu vieler Studienabbrecher. Dummerweise alarmieren sie aus dem falschen Motiv.

Dazu kommen wir gleich noch. Zunächst: Warum sitzen Ihrer Ansicht nach viele ungeeignete Studenten in Hörsälen?

Ein offiziell hoher Bildungsabschluss ist heute wahrscheinlich das Lohnenswerteste, worum junge Leute sich bemühen können. Daran hängen der soziale Status, häufig die Einkommenshöhe und sogar erhöhte Fortpflanzungschancen. Diese drei Kriterien sind, evolutionspsychologisch gesehen, das Wichtigste, worum es Menschen geht! Ich bezweifle jedoch, dass hinter Universitätszertifikaten immer echte Bildung steht. Vor allem in Wirtschaftsstudiengängen.

Wie kommen Sie darauf?
Die meisten Psychologiestudenten zum Beispiel sind breiter interessiert als etwa Wirtschaftsstudenten und deshalb im Schnitt ein bisschen gebildeter. Außerdem wird in der Psychologie per strengem *Numerus Clausus* ausgewählt, was sich zusätzlich positiv auf das durchschnittliche Studentenniveau auswirkt.

Trotz Ihrer Differenzierung steigen die beruflichen Chancen junger Leute, wenn sie ein Studium abgeschlossen haben.
Richtig. Allerdings dürfte die steigende Zahl der Hochschulabgänger dazu führen, dass immer mehr sogenannte Akademiker in Jobs landen, die auch Berufsschulabsolventen machen könnten. Früher waren Akademiker die Häuptlinge – und Nichtakademiker die Indianer. Da die Zahl der Führungspositionen aber nicht mit der Hochschulabsolventenzahl steigt, werden immer mehr Akademiker zwangsweise Indianer und sind damit unzufrieden, während sie etwa als selbstständige Handwerker erfolgreicher und zufriedener wären.

Sozialer Aufstieg klingt anders.
Aufsteigen können wir nur in Relation zu anderen Personen. Wenn alle denselben vermeintlichen Weg nach oben gehen, bleibt der relative Status gleich.

Es gibt Jobs, für die Arbeitgeber einen Hochschulabschluss voraussetzen, obwohl dafür auch Nichtakademiker geeignet wären. Für viele Kreativ- und Kommunikationsjobs zum Beispiel. Warum beharren Personalabteilungen trotzdem auf dem Hochschulzertifikat?
Gleichartige Menschen – in unserem Fall Akademiker – bleiben eben gern unter sich. Je gleichartiger eine Gruppe ist, desto sympathischer sind sich ihre Mitglieder und desto stärker grenzt sich die Gruppe nach außen ab. Deshalb ist es logisch, dass Personaler, die in aller Regel studiert haben, für Akademikerstellen in ihrer Organisation Risiken vermeiden, die vielleicht mit einem von seinen Fähigkeiten her passenden Nichtakademiker verbunden sind. Zumal das eben beschriebene Gruppenverhalten nicht nur für die Personalabteilung, sondern auch für die Fachabteilung gilt, in der die Stelle zu besetzen ist. All diese Überlegungen gelten übrigens genauso für Nichtakademiker. Die grenzen sich gerne gegenüber Akademikern ab.

Klingt wie ein Naturgesetz.
Das ist es fast. Wenn ein Mensch sich gut mit einem anderen verstehen möchte, sind gewisse Erfahrungsähnlichkeiten förderlich: Gemeinsamkeiten im Sprach-

schatz, in der Ausdrucksform, in den Denkstrukturen. Diese Ähnlichkeiten bei anders erscheinenden Menschen wie vielleicht Nichtakademikern zu ergründen – dafür nimmt sich kaum jemand Zeit, erst recht nicht im Berufsalltag.

Sondern?
Lieber bedient man sich klischeehafter Surrogate wie des Ausbildungsabschlusses. Jedes erfolgreiche Kommunikationstraining in einer Organisation basiert darauf, dass die Teilnehmer beginnen, miteinander zu reden. Große Organisationen und Gesellschaften müssen ständig an der gegenseitigen Verständigung arbeiten, wenn sie offen sein wollen. Leider wird es nicht leichter, wenn immer mehr Menschen ihr Leben hinter einem Computer verbringen.

Kritiker des Akademisierungstrends meinen, in Hochschulen herrsche heute mehr Schein als Sein. Wie sehen Sie das?
Ich sehe diese Entwicklung nicht nur an Hochschulen, sondern als Zeitgeist.

Damit stellen Sie uns allen ein ziemlich schlechtes Zeugnis aus.
In unserer Konsum- und Imagegesellschaft bemühen wir uns sehr darum, von anderen Menschen positiv bewertet zu werden. Wir sind nett und freundlich zueinander, häufig viel freundlicher, als wir gestimmt sind, wir sagen uns kaum noch ins Gesicht, was wir ehrlich voneinander denken, und präsentieren uns immer schön aufgehübscht. In Bewerbungsprozessen laufen die Menschen zur Hochform auf. Manche junge Leute beherrschen dieses *Impression Management* besser als andere. Die wählen sich typischerweise Studienrichtungen und Berufe, in denen sie damit weit kommen können.

An welche Studienrichtungen und Berufe denken Sie?
An Betriebswirtschaftslehre zum Beispiel. Mein US-Kollege und Freund Bob Wicklund hat übrigens beobachtet, dass die BWL-Studenten mit den schlechtesten Noten die schicksten Köfferchen hatten. Symbolische Selbstergänzung nannte er das. Sie funktioniert in BWL und in Verkäuferjobs wahrscheinlich besser als in Chemie, Biologie oder Psychologie, weil in betriebswirtschaftlichen und Verkäuferberufen bestimmte Wissensdefizite ziemlich gut durch Habitus und Statussymbole vertuscht werden können.

Welche Rolle spielt Habitus?
Diese Frage erinnert mich an eine Anekdote, die ich in der Schweiz erlebt habe.

Dort habe ich die Vorstände eines Konzerns beraten. Eines Abends luden sie mich zum Dinner ein. Danach haben sie mir erzählt, sie hätten genau darauf geachtet, ob ich mir immer schön den Mund mit der Serviette abgewischt hatte, bevor ich am Weinglas nippte. Zum Glück war ich mit diesen Tischsitten einigermaßen vertraut.

Andere nicht. Wo lernt man Tischsitten?
Vor allem, oder auch nicht, in Kinder- und Jugendjahren in der Familie. Die Sitten dort sind abhängig von der Sozialisation. Die soziologische Prägung ist im Erwachsenenalter schwer zu ändern. Wer doch etwas daran ändern will, muss hart an sich arbeiten.

Der Habitus ist für viele Nichtakademiker ein Problem. Was können sie tun?
Sie können zum Beispiel guten Vorbildern nacheifern. Wer immer fleißig an sie denkt, wird dabei sogar klüger. In den USA gab es Experimente, in denen Forscher Studenten gesagt haben, sie sollen vor einem Intelligenztest intensiv an ihren Lieblingsprofessor denken. Andere am Experiment teilnehmende Studenten sollten an ihren Lieblingsbaseballspieler denken. Beim Intelligenztest schnitten jene Studentengruppen besser ab, die an ihren Professor gedacht hatten.

Wie soll das funktionieren?
Wenn wir intensiv an eine Person denken, aktiviert diese Person bei uns bestimmte Haltungen und kognitive Fähigkeiten. Und noch etwas wirkt stark: an sich glauben! Wer an sich glaubt, setzt sich höhere Ziele, erreicht mehr und motiviert sich für weitere, höhere Ziele. Deshalb hilft es, an jemanden mit ausgeprägtem Selbstvertrauen zu denken und sich zu fragen, wie der jetzt an meiner Stelle handeln würde.

Ist Intelligenz trainierbar?
Das ist umstritten. Fakt ist: Bestimmte Leistungen lassen sich durch einfache Maßnahmen wie die eben genannten beeinflussen. Dies zeigt, welche Rolle andere Menschen für uns spielen, vor allem Vorbilder wie Eltern. Was Kinder bei ihren Eltern sehen, ist wirksamer als das, was Eltern ihren Kindern jeden Tag predigen. Wichtiger als Intelligenztraining ist, Potenziale wirklich auszuschöpfen, die in einem stecken.

Welche Rolle spielt die Biografie eines Menschen bei der Berufseignungsdiagnostik?
Wenn die diagnostizierte Person ehrlich ist, ist die Biografie eine unserer

wichtigsten diagnostischen Quellen. Übrigens ist kürzlich eine amerikanische Studie erschienen, die zeigt: Wer mit 35 Jahren sein Anfangsgehalt nicht verdoppelt hat, wird keine große Karriere machen.

Zu Beginn dieses Interviews erwähnten Sie, Bildungspolitiker würden „dummerweise aus dem falschen Motiv" Alarm wegen hoher Studienabbruchquoten schlagen. Was kritisieren Sie konkret?

Die Politik versucht, das Problem ungeeigneter Studenten zu kaschieren, weil sie unbedingt eine höhere Akademikerquote will. Und sie macht Druck auf Universitäten, die Abbruchquoten zu reduzieren. Der Druck kann so aussehen, wie ich es an meiner Universität erlebt habe: Wir haben die klare Vorgabe bekommen, die Leistungsanforderungen zu senken, damit mehr Studenten die Prüfungen bestehen. Einfach so, durch Anordnung der Obrigkeit. Dabei ist das Niveau für einen Studienabschluss schon mit der Einführung der Bachelorabschlüsse gesenkt worden.

Warum ...

Einen Moment bitte noch. Man muss sich das einmal vorstellen! Auf der einen Seite sinkt das Ausbildungsniveau an den Hochschulen. Und gleichzeitig, genau durch diese Qualitätsminderung, gehen nun junge Leute in die Hörsäle, die wir dringend in den Berufsschulen bräuchten. Damit schwächen wir also auch unsere in aller Welt bewunderte duale Berufsausbildung, die eine der wichtigsten Quellen für den wirtschaftlichen Erfolg unseres Landes ist. Also nochmal: Die Politik stellt die duale Berufsausbildung in Frage. Und dies nur, um dem Bildungssystem der USA nachzueifern, wo jeder möglichst schnell Hamburger verkaufen können soll, statt etwas Anständiges zu lernen. Das ist eine gefährliche Entwicklung für alle – auch für Nichtakademiker.

Warum für Nichtakademiker?

Weil Nichtakademiker sich zunehmend abgehängt fühlen, wenn die akademische Ausbildung als das einzig Wahre gilt. Und zwar abgehängt von Leuten, die nicht unbedingt gescheiter sind als sie, aber trotzdem mit einem akademischen Abschluss herumlaufen.

Sie meinen, die gestiegene Akademikerquote in Deutschland geht einher mit einem gesunkenen Bildungsniveau?

Aber ja. Zumal Bildung, wo sie ökonomisiert wird, eher *Ausbildung* ist.

Wie unterscheiden Sie die Begriffe?
Für mich ist Ausbildung fachlich, also berufsbezogen. Bildung geht darüber hinaus.

Wohin?
In die kulturelle Kompetenz, in die soziale Verantwortung und in werte- beziehungsweise gesellschaftsorientiertes Verhalten. Aus meiner Sicht verdient ein Mensch erst dann einen wirklich hohen Sozialstatus, wenn er gebildet ist. Dafür genügt es jedoch nicht, nur für einen Beruf zurechtgebogen und mit Fachwissen aufgefüllt zu sein. Das gilt genauso für Nichtakademiker.

Warum sprechen Sie schon wieder von Sozialstatus?
Weil sich Hochschulzertifikate in den vergangenen Jahren zu einem wichtigen Statussymbol entwickelt haben. Sonst würden nicht so viele junge Leute danach streben, obwohl sie für andere Ausbildungswege besser geeignet wären.

Wann ist Ihrer Ansicht nach jemand ungeeignet für ein Studium?
Wenn er oder sie lediglich etwas lernen will, was praktisch für die individuelle berufliche Karriere ist, aber der Stoff ohne wissenschaftliches Interesse gelernt wird. Darin sehe ich keinen Fehler, aber derjenige wird es im Studium schwer haben, obwohl Bachelorabschlüsse wesentlich leichter zu erwerben sind als die vorher üblichen Studienabschlüsse in Deutschland wie Magister oder Diplom. Viele junge Leute starten heute mit völlig falschen Vorstellungen in ihr Studium.

Wie sieht das dann aus?
Manche studieren Volkswirtschaft, obwohl sie schwach in Mathematik sind, und sind dann erschüttert, weil Mathematik in der Volkswirtschaftslehre sehr wichtig ist. Andere beginnen ein Architekturstudium, weil sie später schöne Gebäude und Brücken bauen möchten, vergessen aber, dass man als guter Architekt ein hervorragendes räumliches Vorstellungsvermögen braucht, statische Berechnungen verstehen und sich im Berufsalltag ständig mit Handwerkern auseinandersetzen muss. Allein dieses Beispiel impliziert schon drei Fähigkeiten: räumliches Vorstellungsvermögen, mathematische Fähigkeiten und die Kompetenz, mit den Angehörigen eines anderen Berufsstandes erfolgreich umzugehen. Fehlt einem Architekturstudenten eine dieser Fähigkeiten, wird es spätestens im Berufsalltag problematisch für ihn.

HEINZ SCHULER

Welche Ursachen haben falsche Vorstellungen von einem Studienfach oder mangelndes wissenschaftliches Interesse?

Dafür kann es viele Gründe geben. Häufig machen junge Leute entgegen ihren echten Interessen, was ihre Eltern von ihnen erwarten. Oder es liegt daran, dass Berufsberater nur formal schauen, was auf Schulzeugnissen und Lehrabschlüssen steht, statt zu ergründen, was wirklich in ihren Klienten steckt. Und von sich aus schauen nur wenige Menschen in sich hinein. Dafür wollen sie weder Mühe noch Geld investieren.

Glauben oder wissen Sie das?

Ich habe es herausgefunden, als ich mit Kollegen Selbsttests zur beruflichen Orientierung entwickelt habe, die wir ins Netz gestellt haben und mit deren Hilfe man die für sich passendsten Ausbildungsmöglichkeiten finden konnte.

Kosteten die etwas?

Anfangs kosteten sie 30 Euro. Damit hätten wir ab einer bestimmten Nutzerzahl die laufenden Kosten decken können. Später kosteten sie zehn Euro Schutzgebühr. Doch selbst diese Summe wollte kaum jemand bezahlen. Danach haben wir völlig kostenfreie Tests ins Netz gestellt. Einer davon ist mittlerweile der meistverwendete Test in Deutschland. Er wird vom Land Baden-Württemberg mitfinanziert.

Wie heißt er?

Er heißt was-studiere-ich.de und wird jedes Jahr von rund einer Million Personen genutzt. Das ist ein extrem aufwändig konstruierter Selbsttest, der zeigt, für welche Berufe der Nutzer geeignet ist, ob er dafür studieren muss, und wenn ja, was und an welchen Hochschulen er studieren kann. Die Testqualität von was-studiere-ich.de gibt es ansonsten nicht öffentlich.

Was können Menschen ansonsten tun, um ihre Erfolgschancen auszuloten?

Sie sollten unbedingt immer wieder selbstkritisch und analytisch in den Spiegel schauen. Ich habe junge Leute kennengelernt, die Mechaniker werden wollten, und als ich sie fragte, ob sie jemals ihr Fahrrad selbst repariert oder ein Modellflugzeug gebastelt und in die Luft gebracht haben, schüttelten sie erstaunt den Kopf. Oder nehmen wir ein positives Beispiel: erfolgreiche Verkäufer. Die haben meist keine dicken Bücher über Powerselling gelesen, sondern schon als Kind ihre ausgelesenen Micky-Maus-Hefte für gutes Geld auf Märkten versilbert oder Blumen gepflückt und an Nachbarn verkauft.

HEINZ SCHULER

Was sollten Menschen tun, die solche Talente in sich aufgespürt haben?
Sie sollten in ihre Talente investieren. Denn wenn sie Talent für etwas haben und dieses Talent fördern, werden sie gut darin sein und sich berufliche Perspektiven erarbeiten.

Klingt logisch.
Sicher. Dennoch fällt es vielen schwer, weil sie sich eher für Karrieren interessieren, die relativ schnelles, vielleicht sogar leicht verdientes Geld und ein positives Image versprechen. Solche Karrieren müssen nichts mit ihren wahren Talenten zu tun haben.

Welche Rolle sollten Eltern bei der Berufsorientierung ihrer Kinder spielen?
Eltern sollten ebenfalls ein bisschen Eignungsdiagnostiker sein. Die kennen ihre Kinder doch hoffentlich am besten. Und sie sollten sich einigermaßen in der Welt der Berufe auskennen.

Manche Eltern meinen, ihre Zehnjährigen seien geniale Multitalente.
Da ist meistens der Wunsch Vater des Gedankens. Echte Talente sind bei Zehnjährigen in aller Regel schwer erkennbar, weil Kinder in diesem Alter oft noch über ein breites Potenzial verfügen, das aber mit der Zeit in der Breite abnimmt. Auch wenn viele Eltern glauben, aus ihren Kindern könne alles werden: Sie sollten genau hinschauen.

Was können Schulen zur Berufsorientierung beitragen?
Die informieren im Schnitt immer noch viel zu oberflächlich über Berufe und ihre Voraussetzungen. Meist bekommen Schüler lediglich allgemeine Chancen aufgezeigt, was viele aber nicht interessiert, weil sie sich nicht für die vorgestellten Berufe interessieren.

Was wäre besser?
Individuelle Eignungstests, darauf basierende Beratungen und Schnupperpraktika für Schüler. Lehrer sollten zudem die Eigenverantwortlichkeit stärken. Das gilt natürlich genauso für Eltern.

Viele Menschen lehnen Eigenverantwortlichkeit ab, indem sie Gründe für berufliche Misserfolge bei anderen suchen.
Weil sie Selbsteinsicht mit negativen Erlebnissen verbinden, die sie am liebsten

ausblenden möchten. Ein anderes Problem ist: Viele Menschen haben nicht gelernt, sich selbstkritisch nur mit Blick auf bestimmte Handlungen zu betrachten. Sie würden sich immer gleich vollständig negativ bewerten und fürchten, auch von anderen negativ bewertet zu werden. Manche Eltern, Lehrer und Chefs befeuern dieses Empfinden geradezu, indem sie undifferenziert kritisieren und Kindern, Schülern oder Mitarbeitern pauschal weismachen, sie seien einfach dumm und faul. Ein wichtiger Ansatzpunkt verantwortlicher Erziehung durch Eltern ist, dass sie ihre Kinder nicht für jeden Schmarrn über den grünen Klee loben – und sie nicht pauschal kritisieren. Konstruktiv ist, zu differenzieren und bessere Wege aufzuzeigen.

Müssten auch die Arbeitsagenturen ihre Berufsberatungsqualität erhöhen?
Unbedingt, obwohl sich dort in den vergangenen Jahren viel getan hat. Die Arbeitsagenturen haben eine derartige Datenfülle – daraus könnte die wissenschaftliche Eignungsdiagnostik sehr viel mehr machen und sogar die Chancen von Langzeitarbeitslosen deutlich verbessern.

Die gelten gemeinhin als unvermittelbar.
Fragt sich nur, von wem. Dieser Stempel bedeutet in der öffentlichen Wahrnehmung leider, dass Langzeitarbeitslose nichts können. Das habe ich schon ganz anders erlebt.

Wo?
Ein echtes Vorzeigeprojekt für den Umgang mit vermeintlichen Nichtskönnern war die Auto 5000 GmbH, die der Volkswagen-Konzern im Jahr 2001 gegründet hat, um unter anderem das VW-Modell Touran in Wolfsburg zu produzieren. Die GmbH sollte 5.000 neue Leute einstellen und mit jeweils 5.000 Mark brutto entlohnen. Ich habe mit einigen Kollegen die Eignungsdiagnostik bei den Bewerbern gemacht. Es hatten sich knapp 50.000 Menschen beworben!

Mit welchen Schulabschlüssen?
Die Hälfte davon hatte einen Realschul- und ein Drittel nur einen Hauptschulabschluss.

Darunter waren Langzeitarbeitslose?
Viele! Die Arbeitslosenquote im Umkreis von 50 Kilometern um Wolfsburg lag damals über dem bundesdeutschen Durchschnitt. Deshalb war es Bedingung, aus diesem Gebiet arbeitslose und unmittelbar von Arbeitslosigkeit bedrohte

Menschen zu testen – ohne Altersvorgabe und Ausbildungsvoraussetzung. Die brauchten keinerlei Erfahrung im Automobilbau haben. Wir hatten beispielsweise Bäcker, Friseure, Metzger, Maurer und Gerber im Test, die über 50 Jahre alt und teils schon jahrelang arbeitslos waren. Am Ende wurden 3.800 Menschen eingestellt, weil 5.000 doch nicht nötig waren.

Wie haben sich die Quereinsteiger in der Praxis geschlagen?

Zunächst wurden sie sechs Monate lang ausgebildet und ein paar Jahre später war genau dieses Werk im VW-internen Ranking das produktivste von über 100 VW-Werken weltweit. Vorher hatte sich niemand vorstellen können, dass so etwas mit Mitarbeitern ohne formale Voraussetzungen möglich wäre. Wir Eignungsdiagnostiker haben nur darauf geschaut, welche Potenziale in den Bewerbern steckten. Da kamen Fähigkeiten zutage, die manche Bewerber vorher noch nie aktiviert hatten.

Heutzutage ist der Begriff Social Skills sehr in Mode. Was bedeutet er für Sie?

Für mich ist das kein wissenschaftlicher Begriff, sondern ein alchemistisches Klischee. Der Vorteil für die Verwender ist: Sie können ihn auslegen, wie sie ihn gerade brauchen.

In Stellenanzeigen weisen Unternehmen deutlich auf die Relevanz von Social Skills hin.

Das bringt nichts. Wie einige andere Kollegen habe ich wissenschaftlich fundierte Bewerbungsverfahren entwickelt, die Unternehmen viel Zeit und Geld sparen können, weil sie damit nachweislich erfolgreichere Mitarbeiter finden als in herkömmlichen Verfahren. Dabei sind wir ohne diesen Begriff ausgekommen. Leider haben sich wissenschaftlich fundierte Bewerbungsverfahren bislang nicht in der Breite durchgesetzt.

Warum nicht?

Unsere Verfahren sind neu, für Nicht-Wissenschaftler relativ schwer zu verstehen und erst mit einer gehörigen Zeitverzögerung evaluierbar. In Summe ist das den meisten Personalern suspekt. Systemveränderungen sind leider nur mühevoll und langsam durchsetzbar.

Obwohl Unternehmen viel Geld sparen könnten?

Wir können Personalern tatsächlich genau zeigen, was unsere Methode für den Unternehmensgewinn bedeuten würde. Bei Großkonzernen kämen astronomische Summen heraus. Aber ich habe Personaler erlebt, die mich aufgrund der Messbarkeit unserer Methoden eher als Controller denn als Psychologen empfunden haben. Und Controller sind nicht besonders beliebt.

Gibt es wissenschaftliche Erkenntnisse darüber, wie sich Akademiker und Nichtakademiker in Bezug auf ihr Sozialverhalten unterscheiden?
Die Forschung hat dazu große Datenmengen. Und die zeigen nur minimale Unterschiede. Vor allem sind sie dort gering, wo man von sozialen Kompetenzen spricht. Viel interessanter sind die Unterschiede zwischen jungen und älteren Menschen.

Welche zum Beispiel?
Wir wissen heute, dass ältere Arbeitnehmer abnehmende Fähigkeiten wie räumliches Vorstellungsvermögen, Reaktionszeit und Merkfähigkeit durch erhöhte Gewissenhaftigkeit, Integrität und soziale Kompetenzen sehr gut kompensieren können. Würden etwa die Arbeitsagenturen dies berücksichtigen, wenn sie älteren Arbeitslosen Stellen vermitteln, stiege die Wahrscheinlichkeit, dass die Vermittelten im neuen Job erfolgreich und zufrieden werden.

Angeblich basiert Erfolg im Arbeitsleben zu 50 Prozent auf Fachkompetenz und zu 50 Prozent auf Sozialkompetenz. Würden Sie diese Formel unterschreiben?
Sozialverhalten ist wichtig, aber als Eignungsdiagnostiker vermeide ich diese Fifty-Fifty-Formel.

Was stört Sie daran?
Die Begriffe sind zu weit und zu vage, um daraus eine 50:50-Aufteilung zu machen. Wichtiger wäre es beispielsweise, zu erforschen, wodurch die Fachkenntnisse zustande kommen. Manche Menschen bringen es zu hohen Fachkenntnissen, weil sie über besondere kognitive Fähigkeiten verfügen und deshalb schnell lernen. Bei anderen ist es eher ihr Fleiß oder langjährige Erfahrung.

Und wie sieht es mit der Sozialkompetenz aus, dieser Begriff missfällt Ihnen ja auch?
Man kann den schon verwenden, wenn wirklich Sozialverhalten damit gemeint ist. Aber wo bleiben da so wichtige Merkmale wie Leistungsmotivation oder Selbstkontrolle, die für unseren Erfolg mitverantwortlich sind, aber nicht

unter Sozialkompetenz fallen. Unter Leistungsmotivation sollte man vielmehr verstehen, dass jemand aus eigenem Antrieb sich Ziele setzt und etwas zu erreichen sucht. Das hat nichts mit Sozialkompetenz zu tun.

Wie steht es mit der Selbstkontrolle?

Mit Selbstkontrolle ist die Fähigkeit und Bereitschaft gemeint, sich zu disziplinieren und nicht auf sofortige Bedürfnisbefriedigung zu bestehen, man kann auch sagen, Belohnungsaufschub zu leisten. Psychologische Untersuchungen haben ergeben: Menschen, die imstande sind, nicht alles sofort haben zu wollen, bringen es im Leben eher zu etwas.

Anderes Thema: Viele Unternehmen sagen, sie würden eine vom Ausbildungsabschluss unabhängige Talentförderung forcieren. Hören wir da aus Ihrer Sicht vor allem Lippenbekenntnisse oder wird das Thema tatsächlich wichtiger?

Da fehlt mir der breite Einblick. Genaueres weiß ich von der Sparkassen-Finanzgruppe, weil ich dort ab 1985 für etwa 20 Jahre die Eignungsdiagnostik gemacht habe. Die Sparkassen wollten unter anderem Haupt- und Realschulabgänger ausbilden und ihnen Karriereperspektiven bieten.

Was steckte dahinter?

Soziale Verantwortung und die Erfahrung, dass Abiturienten nach der Ausbildung bei der Finanzgruppe doch noch in Vollzeit studieren. Bei der Eignungsdiagnostik ging es darum, passende junge Leute einzustellen, Mitarbeiter über Jahre hinweg systematisch zu begleiten, um sie gemäß ihren Fähigkeiten und Interessen optimal einsetzen zu können, eventuelle Fehlbesetzungen zu korrigieren und frühzeitig potenzielles Führungspersonal zu identifizieren und zu fördern. Diese Strategie hat bei der Sparkassen-Finanzgruppe sehr gut funktioniert.

Wurden Nichtakademikern dort steile Aufstiege ermöglicht?

Zu meiner Zeit war es erklärte Personalpolitik. Damals gab es in der Sparkassen-Finanzgruppe sogar Vorstände, die seit ihrem 18. Lebensjahr keine öffentliche Schule mehr von innen gesehen hatten. Ich kann nur hoffen, dass es solche Leute heute immer noch gibt. Denn die Topmanager ohne Studium waren genauso leistungsfähig wie ihre studierten Kollegen.

Herr Schuler, vielen Dank für das Gespräch.

2.5

FRANK-JÜRGEN WEISE
über enttäuschte Studenten, kompetente Berufsberater, wunderliche Stellenanzeigen, geistige Vielfalt und hochgeschätzte Produktionsarbeiter

„Ich warne davor, in der Bedeutung von akademischer und nichtakademischer Ausbildung einen Unterschied zu machen. Denn beide sind gleichermaßen wertvoll für unser Land", sagt Frank-Jürgen Weise. Er muss es wissen. Weise ist Vorstandsvorsitzender der Bundesarbeitsagentur, der mit über 100.000 Beschäftigten größten Behörde in Deutschland, und damit der oberste Arbeitsvermittler hierzulande. Und er ist der erste Chef der Behörde, der nicht aus der Politik, sondern aus der Wirtschaft kommt.

Geboren wurde Weise 1951 im sächsischen Radebeul. 1972 ging er zur Bundeswehr und wurde dort Fallschirmjäger, Offizier sowie diplomierter Betriebswirt. Ab 1984 arbeitete er als Geschäftsführer verschiedener Unternehmen, bis er 1997 Finanzvorstand beim Wälzlagerhersteller FAG Kugelfischer wurde. Parallel gründete Weise mit einem Partner das Logistikunternehmen Microlog, dessen Führung er im Jahr 2000 übernahm. Nachdem Microlog 2001 vom Industriellenerben Stefan Quandt übernommen worden war, wechselte Weise als Finanz- und Personalvorstand zur Bundesarbeitsagentur. Im Jahr 2004 wurde er dort Vorstandschef.

Weise weiß, welche Mitarbeiter Deutschlands Unternehmen brauchen, welche Wünsche und Sorgen Arbeit suchende Menschen haben, was erfolgreiche Arbeitsvermittler leisten müssen, in welchen Unternehmen insbesondere Nichtakademiker gefragt sind und wie sie in Bewerbungsgesprächen überzeugen. Von alldem erzählt er im Interview.

FRANK-JÜRGEN WEISE

»Kopf hoch! Aus solchen Ereignissen können Sie lernen.«

Herr Weise, in den vergangenen 15 Jahren ist die Studienanfängerquote unter den Schulabgängern von 33 auf über 57 Prozent gestiegen. Ist der Trend aus Ihrer Sicht positiv?

Frank-Jürgen Weise: Generell halte ich ihn für positiv. Es gibt allerdings jenseits des akademischen Studiums viele andere gute Qualifikationen für ein erfolgreiches Berufsleben. Wenn jemand beispielsweise zu einer praktischen Ausbildung neigt, weil er daran Freude hat, bekommt er oder sie heute richtig tolle Berufschancen. Und die werden noch besser, weil der Bedarf an Praktikern auf dem Arbeitsmarkt steigt.

Haben Sie bestimmte Bereiche vor Augen?

Da denke ich sofort an das Handwerk, weil ich vor einiger Zeit ein Haus renovieren ließ. Da habe ich sehr gute, stolze und zufriedene Handwerker getroffen. Die können ohne den Druck und die komplexen Strukturen von Großbetrieben relativ selbstständig arbeiten und gutes Geld verdienen. Doch auch in anderen Wirtschaftsbereichen ist die Nachfrage nach Praktikern hoch, zum Beispiel im verarbeitenden Gewerbe oder im Handel. Ich warne davor, in der Bedeutung von akademischer und nichtakademischer Ausbildung einen Unterschied zu machen. Denn beide sind gleichermaßen wertvoll für unser Land.

Das klingt anders, wenn ein Studienabschluss als „höherer" Abschluss bezeichnet wird. Folglich müsste die Berufsausbildung ein „niederer" Abschluss sein.

(Überlegt) Richtig, dieser Eindruck entsteht und das finde ich falsch. „Höher" und „niedriger" – das ist eine alte Welt. Es gibt berufliche Aufgaben, die brauchen vor allem strategische und konzeptionelle Fähigkeiten, die in Studiengängen vermittelt werden. Und es gibt Aufgaben, die erfordern vor allem praktisches Denken und handwerkliches Geschick. Um dieses zu vermitteln haben wir unsere hervorragende duale Ausbildung – ein international übrigens höchst anerkanntes Erfolgsmodell. Da weiß ich nicht, was höher oder niedriger sein soll.

Welche Rolle spielen die Eltern in Bezug auf die berufliche Zukunft von jungen Erwachsenen?

Junge Leute orientieren sich häufig an den Berufen der Eltern, daher haben die Eltern sehr viel Einfluss. Erst recht, wenn sie beruflich erfolgreich sind und diesen Erfolg auch ihren Kindern wünschen. Es ist nicht gut, wenn Eltern aus gutem Willen Kinder in bestimmte Karrierepfade hineinpressen wollen. Verantwortungsvoll handeln sie, wenn sie ihre Nachkommen darin unterstützen, ihren eigenen, für sie passenden Weg zu finden.

Die Studienabbrecherquote in Deutschland liegt in den Bachelorstudiengängen bei durchschnittlich fast 30 Prozent. Was sagt Ihnen diese Zahl?

Wir wissen: Diese Zahl ist viel zu hoch. Wir arbeiten intensiv daran, die Berufsorientierungsphase der Schulabgänger zu verbessern. Alle Beteiligten in dieser Phase, vor allem Schulen, Eltern müssen die die jungen Leute darin unterstützen, zu hinterfragen, welche Berufe zu ihnen passen und wie sie am besten in die richtige Richtung starten. Ansonsten besteht die Gefahr, dass junge Leute im ersten Anlauf scheitern. Wer sich für ein Studium entscheidet, sollte sich genau über die Universitäten und Professoren informieren. Ich habe von Professoren gehört, die in ihrer ersten Rede vor Studienanfängern sagen: „Schauen Sie sich Ihren Nachbarn an – ein Studium bei mir schafft nur jeder Zweite von Ihnen." Das ist absurd.

Was sagen die Berater in der Arbeitsagentur, wenn Studienabbrecher zu ihnen kommen?

Ich würde sagen: „Kopf hoch! Aus solchen Ereignissen können Sie lernen. Es mag im Moment ein Rückschlag sein. Aber den können Sie durch eine gute Strategie vergessen machen. Und dabei hilft Ihnen die Arbeitsagentur." Ich behaupte sogar: Manchmal bietet so ein vermeintliches Scheitern eine gute zweite Chance: Aus einem solchen Rückschlag können junge Menschen häufig mehr lernen als aus Erfolgen.

Warum?

Enttäuschungen können mehr verändern, weil sie die Betroffenen emotional mehr berühren. Wir sagen es den Enttäuschten ganz bewusst: Sie haben ein paar Semester studiert, diese Erfahrung gemacht. Wenn Sie gemerkt haben, dass es nichts für Sie war, haben Sie einen Schatz gefunden: eine neue Orientierung, die Sie weiter bringen kann. Um diesen Potenzialen optimal gerecht werden zu kön-

nen, haben wir in manchen Arbeitsagenturen besondere Projekte oder spezielle Anlaufstellen für Studienabbrecher.

Wissen Sie, was Studienabbrecher nach der Exmatrikulation machen?
Die bis dato letzte umfangreiche Befragung führte die Hochschulinformationssystem GmbH mit Studienabbrechern des Jahrgangs 2008 durch: Sie ergab, dass sich viele Abbrecher noch als Studierende nach einer Alternative zum Studium umsahen. Circa ein halbes Jahr nach der Exmatrikulation übten gut zwei Fünftel eine Erwerbstätigkeit aus – 35 Prozent als Angestellte und sieben Prozent als Selbstszändige. Weitere 22 Prozent absolvierten eine Berufsausbildung, um einen anerkannten Berufsabschluss zu erhalten. 15 Prozent waren ein halbes Jahr nach dem Studienabbruch arbeitslos gemeldet. Acht Prozent befanden sich in einer Umschulung, einem Praktikum oder leisteten einen freiwilligen Dienst. Fünf Prozent waren Hausfrauen oder -männer, zum Beispiel, um ihre Kinder zu betreuen.

Sie sagten vorhin, Sie arbeiten daran, „die Entscheidungen in der Berufsorientierungsphase zu verbessern". Was tun Sie konkret?
Beispielsweise bieten wir einen berufspsychologischen Dienst, Selbsttests und die Möglichkeit zu Reflexionen, durch die unsere Kunden frühzeitig erkennen können, ob sie für ihren Traumberuf geeignet sind und welche Chancen sie damit auf dem Arbeitsmarkt haben. Wir gehen in die Schulen und sprechen mit den jungen Menschen, wir laden alle Schulklassen ein, zu uns zur Berufsberatung zu kommen. Ich kann nur dafür werben, dass junge Menschen diese Chance nutzen und persönliche Gespräche mit unseren Berufsberatern suchen. Sie sind die Experten.

Können Sie konkreter erklären, wie der berufspsychologische Dienst helfen kann, wie diese Selbsttests funktionieren und wie Schulabgänger und andere Interessenten da herankommen?
Der berufspsychologische Dienst analysiert in einem Interview die wesentlichen Eigenschaften, Talente und Kompetenzen eines Menschen. Dadurch kann man recht sicher herausfinden, ob jemand eher zum Handwerker oder zum Sozialarbeiter taugt. Ob das im Einzelfall nützlich ist, lässt sich mit dem Berater in der Arbeitsagentur klären. Die Selbsttests finden Interessierte auf unseren Onlineangeboten, zum Beispiel auf den Internetseiten abi.de oder planet-beruf.de. Diese Tests unterstützen die eigene berufliche Entscheidung.

Nutzen Ihre Kunden solche Selbsttests häufig?

Ja. Sie sind übrigens auch nach dem Berufseinstieg nützlich. Für Menschen, denen wir Qualifizierungsmaßnahmen bezahlen, sind sie sogar verpflichtend.

Als Arbeitsvermittler müssten Sie doch ähnlich wie manche Eltern agieren und junge Leute in Berufe „pressen", mit denen sie maximale Chancen auf dem Arbeitsmarkt haben und die Vermittlungschancen der Arbeitsagentur am höchsten sind.

Natürlich wollen wir Vermittlungserfolge. Dennoch fragen wir erst einmal, welchen Job sich jemand vorstellen kann, woran er Spaß hätte. Denn wenn jemand seinen Beruf gerne macht, dann macht er ihn auch gut. Ich sehe Schule, Bildung und Beruf auch unter humanistischen Aspekten statt nur unter Nützlichkeitsaspekten. Daraus entstehen natürlich manchmal Widersprüche – vor allem, wenn jemand einen Beruf lernen möchte, der gerade nicht gefragt ist.

Sie würden eine solche Ausbildung trotzdem empfehlen?

Ich vertrete die Philosophie, jungen Leuten die Realität zu erklären und zu respektieren, wenn jemand seine Ideen unbedingt verfolgen möchte. Wie gesagt: Wer seinen Beruf gerne macht, macht ihn gut. Und wer ihn gut macht, hat immer Chancen.

Das Handwerk wirbt inzwischen stark um Gymnasiasten und Studienabbrecher, weil dieser Branche der Nachwuchs auszugehen droht. Glauben Sie, das Werben bringt etwas?

Oh ja, davon bin ich überzeugt – und werbe gleich mit: Junge Leute sollten sich das Handwerk unbedingt wieder genauer anschauen. Es bietet hervorragende Berufschancen, insbesondere für schlaue Nichtakademiker.

Was erwarten Sie von Ihren Arbeitsagenturberatern, die jungen Leuten bei der Berufsorientierung helfen sollen?

Erstens: Wir beraten kompetent, neutral, kostenfrei und ohne eigenes Interesse zum Wohle der Menschen, die zu uns zur Beratung kommen. Welche konkreten Ausbildungsberufe passen zu den Kunden? Was können die Kunden damit erreichen? Welche Arbeitgeber kommen für sie in Frage? Dazu gehören Transparenz und ein Stückweit die Ehrlichkeit: Welche Arbeitsbedingungen, Verdienst- und Weiterbildungsmöglichkeiten bieten sich ihnen? Zweitens: Unsere Berater müssen feinfühlig mit verschiedenen Gesprächssituationen und Menschentypen umgehen können. In dieser Disziplin sollen sie sich fortbilden und sich von

unserem berufspsychologischen Dienst unterstützen lassen. Und drittens: Die Berater sollen ihre Erfahrungen mit Kunden in internen Foren austauschen, damit andere Arbeitsagentur-Mitarbeiter darauf zurückgreifen können.

Können sich insbesondere junge Leute von den Arbeitsagenturen auch in Sozialkompetenzen fortbilden lassen?

Selbstverständlich. Das fängt bei Bewerbungstrainings an: Wie sortiere ich meine Unterlagen, um durch die erste Schranke zu kommen? Wie präsentiere ich mich, um Arbeitgebern meine Stärken zu zeigen? Und so weiter. Oder wenn wir beispielsweise sehen, dass eine Kundin Chancen im Vertrieb hätte, können wir ein Verkaufstraining bezahlen. Es gibt viele Möglichkeiten für jüngere und ältere Menschen.

Wie relevant sind Soft Skills auf dem Arbeitsmarkt?

Meiner Ansicht nach trägt die Sozialkompetenz 40 bis 50 Prozent zum beruflichen Erfolg bei, den Rest die Fachkenntnis. Das gilt in Handwerkerteams genauso wie in Managementetagen.

Oft verlangen Arbeitgeber in Stellenausschreibungen jede Menge Soft Skills. Da sollen Bewerber selbstbewusst, selbstsicher, teamorientiert, motiviert, kommunikativ, konfliktfähig und, und, und sein. Müssen solche Idealtypen erst gebacken werden?

Mitunter wundere auch ich mich. Auf manche Anzeigen werden die Unternehmen wohl niemanden finden, zumindest, wenn sie ihre eigenen Anzeigen ernst nehmen. Aber wenn eine Stellenausschreibung gut gemacht ist, erkennen potenzielle Bewerber schon, ob sie auf die Stelle passen.

Nehmen wir einmal den „selbstsicheren" Mitarbeiter. Wie muss der für Sie sein?

Für mich bedeutet „selbstsicher", dass ein Mitarbeiter ruhig und gelassen ist, dass er überzeugt davon ist, mit seinen Stärken auf seiner Position einen positiven Beitrag für das Unternehmen zu leisten, und dass er Mut zur eigenen Meinung hat. Mir gefällt es zum Beispiel sehr, wenn mir mal ein Kollege oder eine Kollegin sagt: Herr Weise, das sehe ich anders und begründe es wie folgt …

In der Wirtschaft ist viel von Durchlässigkeit und ausbildungsunabhängiger Talentförderung die Rede. Hat sich da wirklich etwas getan?

Aus meiner Sicht schon. Und für die Arbeitsagentur kann ich sagen: Bei uns kann jeder Führungskraft werden, ob Akademiker oder nicht.

Wie ist das Verhältnis von Akademikern zu Nichtakademikern in den Führungspositionen der Arbeitsagentur?

Unser Führungspersonal besteht zu etwa einem Drittel aus Abgängern unserer eigenen Hochschule, zu rund einem Drittel aus Personen, die mit unterschiedlichen Ausbildungen von außen gekommen sind und zu einem Drittel aus Nichtakademikern. Die verschiedenen Lebensläufe sichern uns Diversität im Denken. Dies wiederum bringt eine größere Managementqualität, als wenn wir auf Gleichförmigkeit setzen würden. Die Hochschule der Bundesagentur hat übrigens unter den deutschen Hochschulen die höchste Quote von Studierenden ohne Abitur.

Unterscheiden sich Ihre Erwartungen an Akademiker und Nichtakademiker in Führungspositionen?

Durchaus. Ich erwarte nicht unbedingt unterschiedliche Leistungen, wenn beide in einer vergleichbaren Position arbeiten. Allerdings habe ich die Erfahrung gemacht, dass die unterschiedlichen beruflichen Hintergründe unterschiedliche Kompetenzen zu Tage gefördert haben, die sich gut ergänzen und für den gemeinsamen Erfolg wertvoll sind.

Was meinen Sie damit?

Unsere Nichtakademiker haben zum Beispiel häufig ein besseres Gefühl dafür, welche offenen Stellen auf welche Arbeitssuchenden passen.

Es gibt viele sogenannte Akademikerberufe, in denen man nicht unbedingt ein Studium braucht, um erfolgreich zu sein. Was würden Sie Nichtakademikern empfehlen, die sich auf solche Stellen bewerben?

Sie müssen besonders starke Argumente für sich haben und diese gut verkaufen.

Wie?

Am besten über entsprechende Arbeitsnachweise. Sie sollten an konkreten Beispielen nachweisen können, welche Aufgaben sie bisher auf welche Art und Weise gelöst haben. So können sie potenziellen Arbeitgebern ihre intellektuellen, strategischen und konzeptionellen Fähigkeiten überzeugend vermitteln. Es braucht eben mehr, als nur zu sagen: Hey, hier bin ich und ich packe das schon! Das gilt genauso für Akademiker.

FRANK-JÜRGEN WEISE

Was halten Sie von der elektronischen Bewerbung?
Die sehe ich kritisch, weil Bewerber, denen ein geforderter formaler Abschluss fehlt, dort kein Häkchen setzen können und deshalb chancenlos sind. Dabei sind vielleicht unter diesen Kandidaten welche, die viel besser sind als die nach formalen Kriterien geeigneten Bewerber.

Oftmals ist die Onlinebewerbung die einzige Möglichkeit. Haben Sie einen Tipp parat, wie man sie umgehen und seine Chancen wahren kann?
Wenn Unternehmen nur noch Online-Bewerbungen akzeptieren, dann muss man die Entscheidung akzeptieren und zeigen, dass man mit der Zeit geht und diese Form beherrscht. Eventuell könnten aber ein parallel abgeschickter Brief oder eine E-Mail an den Personalchef hilfreich sein.

Glauben Sie, Akademiker und Nichtakademiker haben in der Regel Vorbehalte voreinander?
Das kommt auf die Unternehmenskultur an. Bevor ich Arbeitsagentur-Chef wurde, war ich Vorstandsmitglied beim Automobilzulieferer FAG Kugelfischer. Dort durften in der Produktion absolut keine Fehler passieren, wir brauchten 100-prozentige Qualität. Eine Folge war, dass das Ansehen der Produktionsmitarbeiter im Unternehmen am höchsten war, während etwa Buchhalter von vielen eher als nachrangig betrachtet wurden, obwohl die natürlich auch wichtig sind.

Spiegelt sich die hohe Relevanz von Nichtakademikern in der Bezahlung?
Natürlich. Viele von ihnen verdienen ja weit mehr Geld als studierte Kollegen anderer Abteilungen im selben Betrieb. Der Meister einer Fertigungszelle bei FAG verdient schon lange mehr Geld als mancher akademischer Sachbearbeiter.

Wo haben ambitionierte Nichtakademiker größere Chancen: in Großkonzernen oder bei Mittelständlern?
In kleineren Mittelstandsfirmen, weil diese eher Mitarbeiter brauchen, die vielseitig einsetzbar sind. Dagegen herrscht in Großkonzernen oft ein hoher Spezialisierungsgrad. Das bedeutet erstens, dass die akademische Ausbildung als formales Kriterium für mittelständische Betriebe oft weniger relevant ist. Zweitens ist dort die Konkurrenz um Arbeitsstellen häufig geringer, weil Menschen mit einer guten akademischen Ausbildung in der Regel zu größeren Unternehmen streben. Und drittens wissen die Chefs kleinerer Unternehmen meist: Erfolg

braucht mehr als eine formale Ausbildung. Zumal viele Unternehmer nicht studiert haben. Kunden akquirieren und Qualität liefern können sie auch.

Wenn Sie einen Wunsch bei deutschen Personalchefs frei hätten – was wünschten Sie sich?

Dass sie formale Ausbildungsabschlüsse und Zertifikate weniger hoch gewichten als bislang üblich in Deutschland und sich stattdessen mehr mit den Talenten und Kompetenzen von Bewerbern befassen. Denn es gibt viele Menschen, die den Weg in eine formale Ausbildung gar nicht angegangen sind oder diesen aus bestimmten Gründen irgendwann einmal nicht geschafft haben und trotzdem gute Mitarbeiter sein können.

Herr Weise, vielen Dank für das Gespräch.

3. Wie Karrieren erfolgreich werden

Mutmacher und Denkanstöße

Die Kernaussagen auf den folgenden Seiten spiegeln den Tenor der Interviews wider – ohne Priorisierung und Anspruch auf Vollständigkeit. Jede Leserin und jeder Leser wird bei der Interviewlektüre sich selbst, andere Personen und Alltagssituationen wiedererkennen und daraus eigene Schlüsse ziehen.

Die Ausführungen sollen lediglich skizzieren, wie erfolgreiche Karrieren ohne Studium möglich sind. Die meisten Mutmacher, Denkanstöße, Reflexionen, Provokationen, Appelle und Forderungen gelten für Nichtakademiker und Akademiker der angesprochenen Personengruppen gleichermaßen.

FÜR SCHULABGÄNGER, NICHTAKADEMIKER UND AKADEMIKER

Mutmacher und Denkanstöße für Schulabgänger, Nichtakademiker und Akademiker

Lassen Sie sich bei Ihren Ausbildungs- und Jobentscheidungen nicht von den Erwartungen anderer Menschen leiten, sondern streben Sie nach Tätigkeiten, die Sie aus Überzeugung und mit echter Leidenschaft betreiben. Denn nur, wenn Sie inneres Feuer für Ihre Profession empfinden, können Sie überdurchschnittlich gut darin werden.

Wenn Sie sich in einer schlechten Karrierestart-Position sehen, bemitleiden Sie sich nicht, sondern sehen Sie Ihre Ausgangslage als Chance. Schließlich haben Sie weniger zu verlieren als jene, die Sie besser positioniert wähnen. Und, liebe Nichtakademiker, freuen Sie sich: Ihre Zahl sinkt, wodurch Ihre Karrierechancen steigen.

Schämen Sie sich nicht für Wissensdefizite, sondern holen Sie sie auf, indem Sie lesen und kompetente Bekannte um Unterstützung bitten. Genießen Sie die positiven Reaktionen der von Ihnen angesprochenen Personen und lernen Sie von ihnen.

Jammern Sie nicht über ungeliebte Aufgaben und Überstunden, sondern erledigen Sie sie auch gegen innere Widerstände überdurchschnittlich gut. Und sorgen Sie dafür, dass Vorgesetzte Ihre Leistungen wahrnehmen. Dann können Sie darauf vertrauen, dass sich Ihr Engagement bald für Sie auszahlen wird.

Erwarten Sie nach Ihrer Ausbildung nicht, sofort viel Geld zu verdienen und steil Karriere zu machen, sondern beweisen Sie Ihr Leistungsvermögen erst einmal. Gerade als Hochschulabsolvent fehlt Ihnen zunächst Praxiserfahrung. Also überschätzen Sie sich nicht, sondern geben Sie sich die „Reifezeit", die Sie brauchen, ehe Sie die Früchte Ihrer guten Leistungen ernten.

Wenn Sie in der Ausbildung oder im Job unzufrieden sind, machen Sie nicht nur andere dafür verantwortlich, sondern suchen Sie aktiv die Lösung bei sich selbst. Trauen Sie sich, dabei neue Wege zu beschreiten und fordern Sie Ihr Glück heraus, um Ihre Ziele zu erreichen. (Wohl überlegtes) Probieren geht über Studieren!

FÜR SCHULABGÄNGER, NICHTAKADEMIKER UND AKADEMIKER

Fürchten Sie nicht die Ungewissheiten neuer Berufswege, sondern suchen Sie sich Mentoren, die Ihnen helfen, indem sie Erfahrungen, Tipps und Kniffe an Sie weitergeben. So sparen Sie sich manchen Fehler. Und denken Sie daran, Ihren Mentoren zu danken. Übrigens, liebe Nichtakademiker: Auch Akademiker können tolle Mentoren sein.

Liebe Studienabbrecher und umdenkende Akademiker: Fürchten Sie keine geringschätzigen Wertungen, sollten Sie sich doch noch für eine Ausbildung zum Beispiel im Handwerk entscheiden. Damit sollten Sie selbstsicher umgehen! Sie werden erstaunt sein, wie viele Menschen in Ihrem Umfeld Ihnen Respekt und Anerkennung zollen.

Warten Sie nicht darauf, dass Ihnen vielleicht irgendwann einmal Ihr Chef oder die Personalabteilung eine Fortbildung anbietet, sondern fragen Sie ausdrücklich danach. Erklären Sie den Nutzen fürs Unternehmen und zeigen Sie, dass Sie die Zusatzqualifikation unbedingt wollen. So steigern Sie die Wahrscheinlichkeit, dass Sie sie bekommen.

Klagen Sie nicht, wenn Ihr Chef oder die Personalabteilung Ihnen auch nach längerem Bitten keine Fortbildung bezahlt, sondern investieren Sie notfalls eigenes Geld. Ihr Gewinn: neue berufliche Einsatzmöglichkeiten, ein größeres berufliches Netzwerk, ein erweiterter geistiger Horizont – und folglich bald auch mehr Karrieremöglichkeiten und Lohn bzw. Gehalt.

Meckern Sie nicht, der Staat oder unser Bildungssystem seien schuld daran, dass Sie Ihre Wunschkarriere nicht schaffen, sondern recherchieren Sie, welche Bildungs- und Fördermöglichkeiten Ihnen das System bietet. Erledigen Sie die Genehmigungsbürokratie gewissenhaft und nutzen Sie Ihre Chancen.

Lassen Sie sich nicht von Faulenzern, Schwarzsehern oder Ahnungslosen von gut überlegten beruflichen Zielen abbringen, sondern suchen Sie Kontakt zu Gleichgesinnten. Gemeinsam werden Sie sich Mut statt Sorgen machen.

Lassen Sie sich nicht entmutigen, wenn Sie mal ein Ziel nicht im ersten Anlauf erreichen, sondern bleiben Sie zielstrebig, fleißig, neugierig, leidenschaftlich und überzeugt. Ihre innere Kraft kann Sie in vielen Situationen weiter bringen als kraftlose Menschen ein Einser-Zeugnis.

FÜR SCHULABGÄNGER, NICHTAKADEMIKER UND AKADEMIKER

Lassen Sie sich niemals einreden, Sie seien gescheitert, sondern verbannen Sie dieses negativ besetzte Wort aus Ihrem Kopf. Analysieren Sie Ihre Situation, lernen Sie aus Fehlern und vermeiden Sie erkannte Fehler künftig. Wer so mit verfehlten Zielen umgeht, kann daraus stärker hervorgehen als aus Erfolgen. Denken Sie daran: Wer dazulernt, ist alles andere als gescheitert.

Machen Sie sich nicht klein, sondern glauben Sie daran, dass Sie Großes erreichen können. Kalkulieren Sie aber bei allem Willen und Optimismus ein, dass Sie manche Ziele verfehlen. Vorsorglich sozusagen, um vorbereitet zu sein. Und wenn Sie ein Ziel verfehlen, verfolgen Sie es auf andere Weise oder überprüfen Sie ehrlich, ob Sie davon ablassen sollten.

Beharren Sie nicht auf einem provokanten Äußeren oder unpassenden Umgangsformen, nur, weil Sie authentisch bleiben wollen. Ändern Sie sich authentisch – wenigstens für Ihren Job! Sie können zum Beispiel ein Tischsitten-Seminar besuchen, um ein Essen mit dem Chef zu meistern oder Romane und Gedichte lesen, um sich in differenzierter Sprache zu bilden. Mit kultiviertem Benehmen können Sie Menschen aller sozialen Schichten für sich gewinnen.

Reden Sie nicht einfach unüberlegt daher, sondern wählen Sie Ihren Ton und Ihre Worte bewusst. Denn wer sich bewusst ausdrückt, ist in der Regel überzeugender als andere, darf auch mal anecken, wird dafür sogar respektiert, steigert sein Ansehen und erhöht so seinen Wert im Berufsleben.

Studieren Sie im Beruf und im Privatleben, wie Menschen miteinander kommunizieren und wie sie aus welchen Gründen handeln. Lernen Sie daraus für Ihr eigenes Verhalten – wie Sie zum Beispiel andere Menschen für sich einnehmen, dabei aber ethisch bedacht und ehrlich bleiben sowie Haltung bewahren.

Wenn Ihnen Menschen mit einer negativen Grundeinstellung gegenübertreten, bleiben Sie ruhig und freundlich, auch wenn Sie aus der Haut fahren könnten. Denn das Blatt kann sich wenden und man trifft sich immer zwei Mal im Leben.

Beziehen Sie pauschal formulierte Kritik von Eltern oder Vorgesetzten nie auf Ihre gesamte Persönlichkeit, sondern nehmen Sie sie zum Anlass, selbstkritisch einzelne Ihrer Handlungen zu hinterfragen. Reflektieren Sie sich differenziert, analytisch und ehrlich. Das ist die schwerste Übung von allen. Und die beste!

Reflexionen für Eltern

Wir Eltern sind vor allem für kleine Kinder immens prägende Vorbilder. Wenn wir ihnen gutes Benehmen, respektvolles Miteinander, Neugier, Zuverlässigkeit und eigenständiges Denken vorleben, beeinflussen wir sie stärker, als wenn wir ihnen diese Eigenschaften lediglich predigen.

Weil Kinder sich oft den Erwartungen ihres Umfelds unterordnen (müssen), kommen kreative Selbstorientierung und innerer Ausgleich womöglich zu kurz. Wenn wir ihnen bewusst ausreichend Zeit geben, eigene Erfahrungen zu sammeln und innere Ruhe zu finden, können sie selbstbewusst, selbstsicher und leidenschaftlich werden.

Pauschale Kritik demotiviert und frustriert Kinder, gefährdet ihre Selbstsicherheit und meist ihr Selbstbewusstsein. Mit fatalen Folgen: Denn diese beiden Eigenschaften sind entscheidende Grundlagen für einen erfolgreichen Berufs- und Lebensweg. Konstruktiver ist es, wenn wir differenziert mit unseren Kindern sprechen und ihnen ganz konkret bessere Verhaltensweisen vorschlagen – die dann auch funktionieren müssen.

Jedes Kind hat Talente und Leidenschaften, die wir geduldig entdecken und fördern sollten – ohne (!) Erwartungsdruck –, auch dann, wenn uns der Alltag ablenkt und stresst. Wenn Kinder unsere echte Aufmerksamkeit und interessierte Teilnahme wahrnehmen und genießen, motivieren wir sie besser als mit jedem anderen Verhalten dazu, mit Freude „am Ball" zu bleiben.

Wenn Kinder nach der Grundschule nicht aufs Gymnasium gehen, sondern auf eine Haupt- oder Realschule, sollten wir nicht gleich in Panik verfallen. Denn ihnen stehen im deutschen Ausbildungssystem noch alle Wege offen – bis hin zum Studium ohne Abitur nach einer Berufsausbildung. Unterstützen wir unsere Kinder und vertrauen wir ihnen, werden sie ihre Chancen nutzen.

FÜR ELTERN

Wer Kinder in Ausbildungs- oder Studienrichtungen drängt, für die sie ungeeignet sind oder für die sie kein „Feuer" empfinden, riskiert ihren beruflichen Erfolg und ihre Freude am Leben. Deshalb sollten wir ihnen helfen, einen wirklich passenden Beruf zu finden. Und dies sogar dann, wenn sie Karrierewege einschlagen, die von unseren elterlichen Vorstellungen abweichen.

*** Viele Nichtakademiker haben begabte Kinder***, die von engagierten Lehrern für eine akademische Laufbahn gefördert werden. Manche Eltern torpedieren dieses Engagement, weil sie Vorurteile gegen Akademikerkarrieren haben. Frei nach dem Motto „Lerne erstmal einen gescheiten Beruf, dann sehen wir weiter!" Damit berauben sie ihre Kinder womöglich genauso ihrer Chancen, wie Akademikereltern, die eher praktisch veranlagten Kindern eine praktische Ausbildung ausreden möchten.

Wir Eltern sollten engagierten Lehrern vertrauen. Denn manche von ihnen kennen unsere Kinder in mancher Hinsicht vielleicht sogar besser als wir. Hören wir ihnen also zu, selbst wenn sie sich kritisch über unsere Kinder äußern. Ursprung und Lösung kritischer Momente liegen häufig bei uns.

FÜR LEHRER

Provokantes für Lehrer

Vermitteln Sie Ihren Schülern mit Nachdruck, wie wichtig soziale Kompetenzen und persönliches Engagement für einen erfolgreichen Berufs- und Lebensweg sind. Dann erhöhen Sie die Karrierechancen Ihrer Schüler. Stärken Sie aber auch deren Eigenverantwortlichkeit – selbst wenn die Eltern mancher Schüler dies versäumen und Sie sich darüber ärgern.

Seien Sie sich bewusst darüber, dass Sie Schüler, die Sie nicht mögen oder die aus problematischen Elternhäusern stammen, eventuell unbewusst schlechter bewerten als brave Schüler aus „gutem Hause". Damit demotivieren Sie problematische Schüler und provozieren Trotzreaktionen, die Negativspiralen in Gang setzen oder beschleunigen können.

Streben Sie danach, menschlich fair, fachlich stark und Ihren Schülern gegenüber aufmerksam zu sein. Loben Sie individuelle Stärken und Interessen Ihrer Schüler, fordern und fördern Sie sie. Und denken Sie daran, dass manche Kinder nicht verstehen, warum sie abstrakte, theoretische Aufgaben lösen sollen. Wenn Sie beispielsweise Schulaufgaben praxisbezogen stellen, verstehen viele Kinder sie besser und schreiben bessere Noten.

Nur weil ein Kind frech, unangepasst oder leistungsschwach ist, muss es noch lange nicht „dumm" sein. Womöglich leidet es unter Problemen der Eltern oder unter Reifedefiziten. Bitte geben Sie solche Kinder nicht auf! Häufig lösen sich die wahren Ursachen schlechter schulischer Leistungen und provokanten Verhaltens irgendwann auf. Dann können vermeintliche Dummköpfe und Quertreiber echte Überflieger werden. Dieses Buch ist ein Beweis dafür.

Manche Industrie- und Handelskammern bieten Ihnen Praktika in Wirtschaftsbetrieben, damit Sie erfahren, welche Fähigkeiten verschiedene Lehrberufe erfordern und wie Schulabgänger ausgebildet werden. Nutzen Sie solche Angebote, um Erfahrungen zu sammeln, die Sie Ihren Schülern in der Berufsorientierungsphase weitergeben können.

FÜR LEHRER

Akzeptieren Sie Wirtschaft und Kapital(ismus) als Säulen unserer Gesellschaft – auch wenn Sie eher mit linken politischen Ideen sympathisieren. Und befürworten Sie Wirtschaft und Berufsorientierung als Schulfächer. Mit mehr Wirtschaftswissen wären Ihre Schüler besser auf das Erwachsenenleben vorbereitet, als es bislang üblich ist. Auch manchen von Ihnen würde mehr Wissen über Prozesse außerhalb des Schulwesens gut tun.

Appelle an Personaler und Vorgesetzte

Fokussieren Sie sich bei Neueinstellungen nicht nur auf formale Abschlusszertifikate von Bewerbern, sondern setzen Sie sich intensiv mit der Persönlichkeit von Kandidaten auseinander. Und – falls Sie Akademiker sind – streifen Sie Ihre Vorurteile gegenüber Nichtakademikern ab. Denn unabhängig vom Bildungs- und Ausbildungsniveau haben die meisten Menschen Potenziale, die Ihrer Organisation nützen können.

Entscheiden Sie in Auswahlverfahren für beispielsweise Neueinstellungen, interne Fortbildungen und interne Karrierewege nicht nach Habitus, interpretieren Sie keine Klassenunterschiede in berufliche und akademische Bildung hinein und akademisieren Sie Karrieresysteme nicht. Stattdessen sollten Sie auch fähigen Nichtakademikern motivierende Karriereperspektiven bieten. Andernfalls verschenken Sie Potenzial (das Sie vielleicht längst im Hause haben) und Diversität im Denken.

Konfrontieren Sie Bewerber nicht stichwortartig mit stereotypen Anforderungen wie „selbstbewusst", „teamfähig", „kommunikativ" oder „motiviert", sondern erläutern Sie konkret, wie Kandidaten sein müssen, damit sie in Ihre Organisation passen. Dann können Bewerber besser einschätzen, ob sie für Ihr Stellenangebot geeignet sind, Sie verbringen weniger Zeit mit ungeeigneten Kandidaten und Sie täuschen sich weniger.

Gerade weil Sie zunehmend die Relevanz von Soft Skills und das Sozialverhalten von Mitarbeitern in den Mittelpunkt stellen: Glauben Sie nicht, dass Akademiker grundsätzlich bessere Soft Skills und ein intelligenteres Sozialverhalten an den Tag legen. Wissenschaftliche Studien und aufmerksame Personalexperten sagen, dass Akademiker und Nichtakademiker sich hier im Schnitt kaum unterscheiden.

Setzen Sie nicht nur auf Onlinebewerbungen, sondern schauen Sie sich wieder mehr die Menschen hinter den Bewerbungen an. Denn vielleicht sind unter den wegen fehlender formaler Abschlüsse bislang chancenlosen Interessenten welche, die besser auf die zu besetzende Stelle passen, als alle nach formalen Kriterien passenden Bewerber.

AN PERSONALER UND VORGESETZTE

Nerven Sie Bewerber nicht mit Fragen danach, auf welcher Karrierestufe sie in zehn Jahren stehen wollen. Die besten Mitarbeiter sind jene, die sich im Hier und Jetzt auf die ihnen übertragene Aufgabe konzentrieren und für die der berufliche Aufstieg ein Nebenprodukt ihres Schaffens ist. Wenn Sie ehrliche Antworten von Bewerbern möchten, stellen Sie praxisorientierte Fragen, auf die sie keine Musterantworten auswendig lernen können.

Forderungen an Politiker

Vermeiden Sie die Formulierung „höhere" Bildung, wenn Sie die akademische Ausbildung meinen. „Höhere" Bildung impliziert, dass die nichtakademische Ausbildung „niedere" Bildung ist. Und eine solche Degradierung wird dem Wert der Berufsausbildung in Deutschland nicht gerecht. Zudem demotivieren Sie Nichtakademiker, sich weiterzuentwickeln. Erinnern Sie sich, dass ein Bachelorabschluss und beispielsweise ein Fortbildungsabschluss als Industriemeister im deutschen Qualifikationsrahmen gleichwertig eingestuft sind.

Bedenken Sie die negativen Folgen des Akademisierungstrends: Die steigende Zahl der Hochschulabgänger wird dazu führen, dass immer mehr akademisch Ausgebildete in Jobs landen, für die auch Berufsschulabsolventen qualifiziert sind. Früher waren Akademiker die „Häuptlinge" und Nichtakademiker die „Indianer". Da die Zahl der Führungspositionen aber nicht mit der Hochschulabsolventenzahl steigt, werden immer mehr Akademiker zwangsweise Indianer – und damit unzufrieden.

Hören Sie auf zu suggerieren, dass akademisch Ausgebildete über die Lebensarbeitszeit mehr Geld als Berufsschulabsolventen verdienen. Denn so ist es längst nicht immer. Sie zitieren da Durchschnittsbetrachtungen, die durch Berufsgruppen wie Ärzte und Juristen in die Höhe getrieben werden. Wenn man sich die Studien genauer anschaut, stößt man auf etliche akademische Berufe, die weit weniger Gehalt einbringen als viele Berufsschulqualifikationen und nichtakademische Fortbildungsabschlüsse.

Nichtakademiker fühlen sich zunehmend abgehängt, wenn die akademische Ausbildung als das einzig Wahre gilt. Und zwar abgehängt von Leuten, die nicht unbedingt gescheiter sind als sie, aber trotzdem einen akademischen Abschluss haben. Viele junge Menschen in Deutschland studieren nur, weil sie akademische Abschlusszertifikate als gesellschaftliches Statussymbol sehen, das bequemerweise in vielen Studienrichtungen ohne Interesse an wissenschaftlicher Forschung auskommt.

AN POLITIKER

Kaschieren Sie nicht das Problem ungeeigneter Studenten, nur weil Sie unbedingt eine höhere Akademikerquote wollen. Und üben Sie keinen Druck auf Hochschulen aus, das Leistungsniveau zu senken, damit auch schwächere Studenten die Prüfungen bestehen. Engagieren Sie sich lieber, um das Image der dualen Berufsausbildung und das Niveau von Abitur und Hochschulausbildung wieder zu verbessern.

Durch die Qualitätsminderung der Hochschulausbildung gehen auch junge Leute in die Hörsäle, die an Berufsschulen besser aufgehoben wären und dort dringend gebraucht würden. Der Akademisierungswahn schwächt die weltweit bewunderte duale Berufsausbildung in Deutschland, die eine der wichtigsten Quellen für den wirtschaftlichen Erfolg unseres Landes ist. Und er schwächt das Niveau der akademischen Ausbildung.

Werben Sie für mehr Praxisbezug an den Hochschulen, damit Akademiker zum Start ihres Berufslebens sich richtig einschätzen und schnell produktiv werden können. Viele Wirtschaftsunternehmen beklagen, dass sich zwar viele Hochschulabsolventen als Elite verstehen, aber mitunter schon in einfachen Praktika überfordert sind.

Schaffen Sie endlich die viel zu frühe Selektion im deutschen Schulwesen ab. Dass Kinder nach der Grundschule in die Zwei-Klassen-Gesellschaft von Gymnasium und Haupt- oder Realschule gezwungen werden, ist die wahre Ungerechtigkeit im deutschen Bildungssystem. Welcher Grundschüler versteht schon, warum das Abitur wichtig sein soll? Zudem rufen viele Kinder im Grundschulalter längst nicht ihr wahres Leistungsvermögen ab – reifebedingt oder weil sie unter äußeren Einflüssen leiden. In Zweifelsfällen bestimmen Lehrer und Eltern über die nächste Schulform. Aber ob die immer richtig liegen?

Sorgen Sie dafür, dass an Schulen mehr über die Chancen der beruflichen Ausbildung informiert wird. Gerade an Gymnasien wird diesbezüglich viel zu wenig getan. Dies hat auch damit zu tun, dass Akademikern die Vielschichtigkeit und das hohe Niveau der beruflichen Bildung in Deutschland oft unbekannt sind. Unter diesem Aspekt ist es schade, dass Sie, liebe Politiker, und Lehrer fast ausnahmslos Akademiker sind.

AN POLITIKER

Sorgen Sie dafür, dass Wirtschaft ein Schulfach wird. Und lassen Sie Berufsorientierung in den oberen Klassenstufen in verschiedene Fächer integrieren. Jugendliche müssen Berufe mit ihren fünf Sinnen wahrnehmen und für die Berufswahl inspiriert werden. Ansonsten bekommen sie Bildungsfrust statt Bildungslust.

Machen Sie keinen Unterschied zwischen der Bedeutung von akademischer und nichtakademischer Ausbildung. Denn beide sind gleichermaßen wertvoll für unser Land.

»*Gut ist, wer dazulernt.*«

Mario Müller-Dofel